21世纪期货、期权及衍生品
— 新形态系列教材 —

Basic Course of
Futures Market Supervision

期货市场监管基础教程

刘健　李铭◎主编

清华大学出版社
北京

内 容 简 介

本书介绍了期货市场监管的基本概念,分析了期货市场监管的理论基础与特定内涵,论述了期货市场的三种法律关系,分别对期货市场监管的法律体系与制度体系进行了全面介绍,同时对前沿领域的跨市场监管与跨境监管以及期货投资者保护进行了分析,最后对期货市场监管的国际比较与发展趋势进行了分析。本书具有科学性、严谨性、基础性、前沿性、实用性和针对性等特点。本书定位为高等院校金融专业本科教育教材,特别是期货专业本科生和研究生教育教材,同时也旨在为广大投资者、实体企业、金融机构、政府部门等期货市场主体提供期货监管与期货法律方面的实际帮助。

图书在版编目(CIP)数据

期货市场监管基础教程/刘健,李铭主编. —北京: 清华大学出版社,2022.3
21世纪期货、期权及衍生品新形态系列教材
ISBN 978-7-302-60233-0

Ⅰ. ①期… Ⅱ. ①刘… ②李… Ⅲ. ①期货市场 – 金融监管 – 中国 – 教材 Ⅳ. ①F830.93

中国版本图书馆 CIP 数据核字(2022)第 044271 号

责任编辑: 张 伟
封面设计: 汉风唐韵
责任校对: 宋玉莲
责任印制: 丛怀宇

出版发行: 清华大学出版社
    网　　　址: http://www.tup.com.cn,http://www.wqbook.com
    地　　　址: 北京清华大学学研大厦 A 座　　　　邮　　编: 100084
    社 总 机: 010-83470000　　　　邮　　购: 010-62786544
    投稿与读者服务: 010-62776969,c-service@tup.tsinghua.edu.cn
    质 量 反 馈: 010-62772015,zhiliang@tup.tsinghua.edu.cn
    课 件 下 载: http://www.tup.com.cn,010-83470332
印 装 者: 三河市东方印刷有限公司
经　　销: 全国新华书店
开　　本: 185mm×260mm　　　　印　张: 9.5　　　字　数: 194 千字
版　　次: 2022 年 4 月第 1 版　　　　印　次: 2022 年 4 月第 1 次印刷
定　　价: 45.00 元

产品编号: 092816-01

丛书专家委员会

丛 书 序

经过 30 多年的探索发展，我国期货市场经历了从商品期货到金融期货，从股票期权到商品期权，从场内交易到场外交易，从境内市场到境外市场，从期货、期权到互换和信用衍生工具等其他衍生品的不断创新过程，多层次的衍生品市场体系已经形成。特别是党的十八大以来，我国期货市场规模持续扩大，市场效率和影响力不断提升，在促进国民经济相关产业良性发展、落实金融服务实体经济方面的成效日益显著。随着期货行业基本法——《期货和衍生品法》的即将推出，我国期货和衍生品市场会迎来更加规范的大发展。

目前，我国场内期货、期权品种达 94 种，市场资金总量已突破 1.2 万亿元，越来越多的产业客户和机构投资者利用期货市场管理风险、配置资产，投资者机构化趋势明显。随着新时代国内期货市场的创新与高速发展，对期货专业人才的需求也表现出不同以往的内涵：风险对冲、市场交易、资产配置等职业岗位，不仅需要扎实的经济理论功底、高超的操作技术，还需要良好的社会主义核心职业价值观、较强的创新能力和高标准的国际化视野。因此，探索有别于金融学专业通识教育的特色教材，是行业赋予金融学人的历史使命。

近年来，随着我国期货和衍生品市场的不断创新、数字教育技术的深入发展，期货教育理论发生了很多新变化。在国家一流课程建设和课程思政建设的新要求下，可融入教学的资料和内容亟待丰富，创新和推进教材建设成为重要任务。

本系列教材就是在这一背景下产生的。本系列教材是北京物资学院与北京兆泰源信息技术有限公司合作的教育部产学合作协同育人项目"期货、期权及衍生品新形态系列教材与教学资源开发"（项目编号：202101081007）的研究成果，也是北京物资学院的国家级一流专业建设点项目指定建设教材，它定位于应用型大学人才培养，顺应期货及衍生品时代发展的行业变化。本系列教材充分吸收校内外专家和行业骨干参与编写，强调理论性与实务性、前沿性与科学性、系统性与基础性的统一，具有如下特色。

（1）专业性特色：在国内首次开展期货专业新形态系列教材建设，通过现代化信息技术，配套完整的教学资源，使系列教材能够满足国家"金课"建设要求。

（2）双主编特色：采用高校专业教师与产业界知名人士双主编模式，确保系列教材顶天立地，实现理论性与实务性统一。

（3）全体系特色：覆盖了现代期货、期权及衍生品的主要教学内容，既可以实现基础性知识的学习，又强调了实务操作能力和知识面的拓展，可以实现全方位的专业知识覆盖。

（4）多层次教育兼容特色：教材知识点反映了期货、期权及衍生品的前沿发展，既自成体系，满足本、研专业教学需要，又与国内外从业资格考试接轨，可同时满足期货从业人员职业培训需要。

（5）课程思政特色：以扫码阅读辅助资料的形式，增设国内相关案例和资料，引导学生认识我国经济发展的成就，增强职业道德和职业素养教育，帮助学生塑造正确的人生观和价值观。

本系列教材不仅适合高校财经专业本科生和研究生教学使用，也可作为证券、期货从业人员的培训教材，同时也适合有意从事期货交易的读者自学使用。

本系列教材在北京物资学院、清华大学出版社、北京兆泰源信息技术有限公司联合支持下完成。鉴于水平有限，教材中难免存在不当之处，敬请广大读者批评指正。

丛书编委会

2022 年 4 月

前言

期货市场是商品市场和金融市场体系中不可缺少的组成部分，一个发达、完善的期货市场，将助推一个国家经济的高质量发展。在国家"稳步发展期货市场"的政策指引下，经过30多年的发展，我国期货市场规模不断扩大，品种体系更加丰富，服务实体经济的功能作用日益增强。期货市场已与中国经济发展和金融改革紧密联系在一起，成为中国市场经济的重要组成部分。随着期货业务应用领域日益广泛，期货已经成为政府、企业和个人重要的风险管理与投资工具。随着期货市场的不断成熟和发展，对期货从业和期货人才培养提出了更高的要求。一方面，对于期货市场监管的要求明显提高，期货市场的良性发展既离不开法律的支持，更离不开监管的规范。另一方面，对于期货人才的要求也明显提高，熟悉期货市场监管与期货法律法规的期货专门人才，将肩负致力于期货市场发展的重大使命。

为了满足市场和行业的人才需求，高校作为人才培养的基地，有责任、有义务培养出符合市场和行业需求的专业人才。本书的定位是高等教育的专业教材。教材紧密结合我国期货市场监管的理论与实际，注重基础知识与实践应用相结合，是一本体系较为完整、内容较为翔实、行文较为规范的期货市场监管专门教材。本书编写中注重内容的科学性、严谨性、基础性、新颖性、先进性、实用性和针对性，与我国现有期货市场发展的环境以及期货市场监管的特点紧密结合，具有以下几个特点：一是知识结构完整，涵盖了期货市场监管体系及法律体系等主要内容；二是针对性强，使用对象明确，主要针对高校期货专业教学和从业人员系统培训；三是具有实用性，结合期货市场监管的实际，注重深化学生对期货市场监管基础知识的理解和应用；四是编写体例规范，教材每一章都配有引导案例、扩展阅读、本章习题、案例分析、即测即练等。本书具有言简意赅、体系完整、通俗易懂、应用性强等特点。

本书共有8章，将理论研究与监管实践相结合，并辅以贴切的扩展阅读与案例分析，增强了本书的实用性。

本书由北京物资学院组织发起，由从事期货理论研究的高校教师和从事期货市场监管实务的行业专家共同编写。刘健、李铭主编，刘琪晴、王健参与编写。

在本书的编写过程中，编者参考、借鉴和引用了国内外许多期货市场监管与期货法律法规方面的教材、著作与文献，并尽可能地进行了注释，但难免有所疏漏，在此对有关学者表示谢意。希望本书的出版能为广大投资者、高等院校、实体企业、金融机构等在学习和研究期货市场监管知识与监管实践等方面提供实际帮助，发挥积极作用。由于水平有限，本书的不足之处在所难免，敬请广大读者批评指正。

编　者

2021 年 12 月

目 录

第 **1** 章

期货市场监管概述

【本章学习目标】

1. 了解期货市场的风险特性，对期货市场失灵、期货交易的特性有一个全面、清晰的认知；
2. 理解期货市场监管的必要性；
3. 熟悉和掌握期货市场监管的主要目标、价值取向和基本理念与要素；
4. 理解期货市场监管的基本原则；
5. 了解我国期货市场监管体系的演变。

高德黄金案与期货市场监管

2008 年 9 月，在发生不到一个月的华夏交易所资金链断裂引起客户爆仓和公司主管携款出逃案件后，又爆出曾经红极一时的投资界狂人张卫星在地下黄金交易中爆仓！伴随着张卫星的爆仓，多名投资者损失惨重，亏损超过千万元，其中许多是个人投资者。

高德黄金"做市"的渠道是"高德黄金通"：客户以交易保证金的方式按公司即时报出的高德标金价格买卖高德标准金条，延迟至第二个工作日后任何一个工作日进行实物交收的现货黄金的"订购与回售"的交易业务。高德黄金向客户推销的卖点是其杠杆交易的功能。客户在"高德黄金通"电子交易平台上买卖高德彼岸准黄金，首先只需要预付交易保证金作为其履行交易的财力保证，然后高德黄金为客户开通电子交易账号，"高德黄金通"保证金收取比例为不低于标的黄金总价值的 20%。2008 年 8 月 15 日，国际金价在见顶 988 美元之后一个月内急跌逾 200 美元，面临这种急跌行情，高德公司开始以包括政策市场风险在内的种种理由，要求其"高德黄金通"客户平仓出局，这意味着众多客户将面临亏损。依据客户反映，导致亏损的原因并不完全是操作失误，一方面，交易系统通过滑点的延时交易系统，缩小客户盈利，扩大客户亏损；另一方面，由于高德黄金自己与客户进行对赌，并没有在相应的正规期货市场上对冲降低风险，面对这种国际急剧波动的行情，高德及其投资者遭受惨重损失自然在所难免。

高德黄金案的这种交易买卖方式实际上就是变相期货。依据 2007 年 3 月国务院颁布的《期货交易管理条例》（以下简称《条例》）第八十九条：任何机构或者市场，未经国务院期货监督管理机构批准，采取集中交易方式进行标准化合约交易，同时采取以下交易机制或者具备以下交易机制特征之一的，为变相期货交易：①为参与集中交易的所有买方和卖方提供履约担保的；②实行当日无负债结算制度和保证金制度，同时保证金收取比例低于合约（或者合同）标的额20%的。高德黄金的交易买卖方式实际上与期货交易并无二致，但由于它打了法律的擦边球，其保证金比例不是低于而是刚好放在20%，所以案件即使发生并给许多投资者带来了巨大损失，也不能通过法律制裁手段将此类违法行为制裁。

当时，我国尤其是珠三角和长三角等发达的经济市场地区，这种变相期货的买卖形式多且杂乱，由于监管主体不明，一般在没有出现损失时变相期货的认定无人监管，法律上也没有明确相应的法律责任。即使出了案情，在监管上也没有做好衔接，导致一些案件出来后都是不了了之。这些违法事件不仅影响了合法期货市场的发展，给期货市场的声誉带来了巨大伤害，而且对我国市场经济的健康发展也是百害而无一益。

可见，期货市场监管十分重要，也十分必要。那么，期货市场有些什么样的特性？期货市场监管是否具有必要性呢？期货市场监管的目标与原则有哪些？我国期货市场监管体系又是如何演变的？这些就是本章将要重点探讨的问题。

1.1 期货市场监管的必要性

期货市场作为现代经济进步的重要标志，在当今世界经济中，不仅已成为全球市场经济的重要组成部分，而且是最活跃的组成部分。现代期货交易出现的标志是芝加哥期货交易所在1851年推出的第一张远期合约，自期货交易出现后的100多年历史中，期货交易量逐年增加，年均增幅达到10%左右，对市场经济的影响越来越大，地位举足轻重。

期货市场在我国建立、发展的时间还不长，但是随着我国市场经济的逐步完善以及资本市场改革效果的不断显现，我国期货市场的建设规模、品种体系、制度建设、功能发挥及投资者结构等各个方面都有了长足的进步，可以说，经过30多年的不断探索，我国的期货市场已经进入良性发展的轨道。

扩展阅读1.1 期货市场的"滑铁卢"——国债"327"事件

期货市场作为金融市场重要的组成部分，可以用来有效地规避金融风险。但是因为市场本身存在的价格波动、市场环境变化及投机的非理性等因素，市场风险也是不可避免的。另外期货交易用保证金作为担保，只需支付一定比例的保证金即有机会获得未来商品的所有权，这就使得风险系数成倍数放大，往往容易引起金融危机。1995年，巴林银行亏损14亿美元破产，同年，我国的国债"327"事件，1996年住友商社亏损19亿美元，都是期货交易风险的直接体现，给期货市场乃至一个地区、国家带来的经济损失不可估量。1997年，始于泰国，后扩散至整个东南亚并波及世界的东南亚经济危机，正是因为泰国尚无能力对金融衍生工具进行有效监管，却过早地放开金融市场，被国际游资利用、攻击，造成了严重的经济衰退。因此，强有力的监管对规避期货市场乃至金融市场风险非常重要，各国政府也越来越重视对期货市场的监管工作。

1.1.1　期货市场的风险类型

期货市场需要监管的根本原因在于期货交易可能蕴藏巨大风险，如果控制不好将会对金融机构、金融市场甚至整个经济环境产生重大影响，因此，期货市场的风险必须通过监管制度的设计和执行予以有效控制。

1. 市场风险

市场风险也称价格风险，是交易者参与期货交易时，由于对于价格波动导致的风险不能完全控制而产生损失的风险。期货的价格往往是在很大范围内经过市场交易确定并进行传递的，因此价格的波动幅度是难以控制和预测的。同时，因突发事件导致基础产品价格的波动剧烈，期货的杠杆性和投机者的大量参与可能导致相关期货价格大幅波动，从而使部分投资者巨亏。当巨亏发生在大型金融机构时就会产生连锁反应，再扩展到整个金融市场，可能爆发系统性风险。

市场风险随着期货价格的变动在不断变化。市场风险包括采用期货进行保值仍不能彻底规避的价格变动风险，以及期货由于自身杠杆比率过高导致风险被放大的风险。

2. 信用风险

信用风险也称履约风险，是指参与交易的一方由于各种原因在最终履约时违约给对手方造成严重损失的风险。信用风险中需要关注的包括：第一是在开始交易前，对对手方履约可能性的评估，这是信用风险的一部分；第二是具体亏损额度的大小。前者取决于交易对手的信用度，后者取决于交易本身所具有的价值大小。

信用风险主要发生在场外衍生品市场。场外衍生品交易中，由于缺少像期货交易所这样的第三方机构进行履约担保，一旦交易一方违约，另一方必然遭受损失。场外衍生品市场由于难以被监管，且缺乏相应的法律手段保证交易双方履约，从而导致信用风险的发生概率较大。

3. 流动性风险

流动性风险是指期货开仓后，由于市场交易量骤减，交易不够活跃，交易方在规定期限内无法完全平仓，而只能等待最终合约到期强行交割的风险。

流动性风险取决于交易合约的标准化程度、交易规模和市场环境。合约标准化程度越高，市场交易规模越大，交易者就越可根据市场价格变化和自身的决策随时进行平仓。

场外衍生品市场的流动性风险远远大于场内期货市场，这是由于期货交易是标准化合约的交易，流动较容易，而场外市场中的产品是针对具体客户的特殊要求设计的特定产品，很难在不同需求的交易者间进行转让。一旦市场环境发生变化，尤其是突发国际风险事件，就会严重地影响流动性。另外，交易者自身的风险控制能力决定了其资产负债状况的优劣，一旦金融机构自身发生危机，导致其持有的大量头寸都无法履约，那么其交易对手将产生巨大的亏损，其后果往往是灾难性的。

4. 操作风险

操作风险是指期货交易时，由于期货交易所的交易系统出现严重故障导致难以成交或平仓，或其他人为因素所产生的风险，尤其在国际期货市场中，期货交易已经逐步发展为程序化交易，大量的交易都是在提前制定好策略，并通过交易系统自动完成的。因此，在操作过程中对于时机的把握很重要，往往精确到毫秒，乃至更小。所以，当交易所计算机主机严重超负荷时，有可能造成交易瘫痪，进而产生交易者的操作风险，从而给交易者带来不可预计的损失。

5. 交割风险

交割风险是指期货交易者持有头寸直到合约到期为止，并进行最终交割时所产生的风险。由于期货产品设计的基础资产品种较多，不同基础资产往往会产生价格差异，这就会导致在最终交割时的期货价格与实际交割的基础资产价格发生偏差。另外，由于不同交易者对于交割时间的选择存在不确定性，也可能会给交易者带来交割风险。

6. 法律风险

法律风险是指在金融衍生品交易中，由于合约无法履行，或交易双方由于彼此所处法律环境不同，对具体合同中的条文理解不同等原因，最终不执行原合约引起一方损失的风险。

由于金融工程学的不断进步和金融机构追求利润的业务拓展，期货产品在不断创新中，可能超越当地立法的规定，这就存在法律难以完整覆盖和有效保护的问题，一些期货产品的合法性也无法得到保证，一旦发生纠纷可能无法受到法律保护。监管者对期货产品的了解不足或监管的见解有所差别，也会导致执法与期货产品的不匹配，一些市场创新可能被监管当局以不合法之由强行取缔。

在现实的交易中，尤其在场外衍生品市场，有相当部分的亏损是来自法律风险，这也决定了立法机构在立法时必须考虑法律的覆盖范围，并具有一定的前瞻性，尽量让制定的法律避免僵化和滞后。

1.1.2 期货市场的风险特征

期货市场相比其他金融市场，其风险特征主要体现在以下三个方面。

1. 期货的高杠杆导致风险被放大

金融市场上的风险来自四个方面：金融机构自身的行为、金融市场的创新特征、法律内在的问题以及法律和金融之间的相互作用。期货市场之所以风险较大，主要是因为期货交易具有较强的杠杆作用，一般期货交易保证金为 5%～10%，也就是说杠杆在 10倍以上。高杠杆虽然有利于获取高额收益，但同时蕴含巨大的风险，一旦市场行情与原来预测的相反，将会遭受灾难性后果。

期货产品特别是金融期货产品的创新主要靠金融工程师来设计和完成，如果在设计的环节出现问题，导致期货产品本身存在一定的设计缺陷，在进行大量交易后将会出现虚拟化程度过高，经济泡沫化，金融创新脱离基础金融市场和实体经济的承载能力，甚至引发系统性风险。

2. 期货产品的复杂性导致风险结构的复杂

期货产品是在基础资产的基础上通过相关设计衍生的，因此衍生的技术和手段直接决定了期货产品自身的属性。当前金融工程高度发达，衍生的层级和衍生品依托的基础品种越来越多，各种基础品种交织在一起，衍生出复杂多变的金融衍生品，直接导致风险因素变得非常复杂。决定期货产品价格的因素不断增加，导致期货产品的价格变动非常敏感，风险一旦爆发也很难找到源头。

3. 期货的风险集中容易引发连锁反应

目前，全球主要期货市场特别是金融期货市场，大型金融机构已成为市场主力，具备撼动整个市场的能力。一旦这些机构发生危机，将会引发整个金融体系的危机，增加了系统性风险。美国总审计署调查表明，1992 年来美国前七大商业银行场外衍生品交易量合计占全美交易量的 87%，业务集中度非常高，也造成了风险集中在这些大型金融机构身上。

同时，利率、汇率等基础金融产品与其衍生品具有高度的联动性，这将会导致金融衍生品市场的风险事件传递到基础金融市场中，并引发连锁反应。尤其在金融全球化的背景下，市场与市场之间、国与国之间都有很强的联动性，一个市场的问题通过连锁反应，可能会波及全球。例如美国 2008 年金融危机爆发，就是从雷曼兄弟等投行开始，接着连锁反应影响到商业银行、共同基金、保险公司，最终整个金融体系基本上都受到了负面影响。

 扩展阅读1.2　金融衍生品风险案例：上交所权证创设制度的失败

基于以上对期货市场风险类型及特性的分析，有必要对期货市场加强监管，以规避和防范期货市场的各类风险。

1.1.3　期货市场失灵和期货市场监管的必要性

现实中的期货市场，存在着大量最终导致资源配置低效率的市场失灵问题，这使得期货市场原本价格发现及规避风险的功能难以有效发挥，这些市场本身无法克服的局限性也迫使市场不可能自发实现帕累托最优。因此，从理论上讲，期货市场监管的初衷是克服和纠正期货市场各种失灵状况。

1. 期货市场信息失灵

与一般产品和劳务市场不同，信息问题是期货市场的核心问题，信息失灵是期货市场失灵最主要的表现，期货市场功能发挥所面临的绝大多数障碍或多或少都与信息失灵有着一定的关联。著名的经济学家阿克勒夫于 1970 年发表的《有隐患的市场》进一步阐明了关于非对称信息的理论。以非对称信息观来洞察期货交易,我们可以发现期货市场上存在逆向选择和道德风险。由于大企业管理者和机构投资者掌握的信息与一般中小投资者所掌握的信息处于非对称状态,后者往往只能按其所掌握的有限信息来决定投资策略,从而在期货交易中经常处于被动地位。而大机构投资者则可以利用其信息优势谋求交易优势,追求自身利益的最大化。因此,在非对称信息环境下期货市场易发生内幕交易等违法行为。要减少类似的风险,改善上述博弈过程中的不对称状态,就必须获取尽可能充分、准确、全面、及时而且对称的信息。然而,正是高昂的信息成本,使逆向选择和道德风险问题难以解决,从而降低期货市场的运作效率、扭曲社会资源配置。因此,政府应当承担起克服期货市场信息不完全和非对称性的重任,制定并执行强制性的信息披露制度,为所有投资者创造公平获取各类信息的市场环境。

2. 期货市场垄断和操纵

期货市场上的垄断者通过控制一定数量的期货合约,间接控制了该期货合约的市场价格。在没有监管的条件下,垄断者可以利用其掌握的足够多的期货合约,从而操纵期货市场价格,从人为造势中牟取暴利。垄断和操纵一方面给中小投资者造成不公正的损害,而垄断者所获取的利润大部分源于其他投资者的损失;另一方面也扭曲了价格信号,阻碍了生产要素根据市场信号自动施行资源配置。在此,就需要监管者界定此类行为,并给予惩处和限制以维护市场秩序。此外,政府监管要加强各个市场间的联系,从而确保整个期货市场的透明度。

3. 过度投机和期货市场非稳定性

由于期货市场具有一般市场所没有的高投机性,因此过度投机现象也就成为市场失灵的又一个特殊表现。过度投机行为在相当程度上根源于并不理性的心理预期,同时又伴随着一般产品市场难以比拟的强烈示范效应,故其引发的连锁反应常常使期货价格不能在短期甚至相当长的一段时间内回复到均衡水平,从而造成市场大幅波动情况,并导致期货市场价格信号的扭曲和失真,抑制了资源有效配置。因此,期货市场监管者有责任界定和限制有损于公平和效率的过度投机行为,并通过适当的政府干预来稳定市场、抑制过度波动。

总的来说,广义的期货市场失灵存在于自由竞争的市场状态不能带来资源最优配置和正常功能发挥的一切经济场合,期货市场监管就是对广义的期货市场失灵问题的政府干预。因此,期货市场监管的必要性和合理性就在于依靠监管来尽可能地改善和解决期货市场机制的失灵问题,保证期货市场功能的实现和效率的增进。正是上述各类期货市场失灵现象的存在和由此引发的期货市场功能的扭曲,才使得政府必须设计并实施适当的监管制度,约束并规范期货市场主体行为,维护市场秩序,矫正并改善市场机制内在的问题,从而更好地发挥期货市场功能,维护并促进国民经济的良性发展。

1.1.4　期货交易的特性与期货市场监管的必要性

1. 期货价格波动大

与现货市场价格的稳定和滞后相比,期货市场价格具有前瞻性,但也带有很大波动性。目前由于全球经济一体化,商品价格在全球具有连锁效应,期货市场也不例外,有时在外盘剧烈震荡拉动下,一两分钟的时间期市价格有可能上浮下挫,如果没有涨跌停板制度,这个波动幅度可能更大。巨大的波动幅度,再经过保证金制度的杠杆效应,无疑会放大价格冲击效应。如果这种波动是由投机资金引起的,就非常容易引起整个市场的紊乱。

2. 期货交易流动性强,参与者广泛

期货交易是合约交易,合约的标准化模式又使期货交易速率大大加快、流动性增强,卖空机制让投机者频繁换手交易,而现代高效便捷的网络操作也给频繁换手创造了便利条件。虽然套期保值和分散风险的需求需要市场保持一定的流动性,但过高的流动性又必然会吸引投机资金,导致期货市场泡沫的产生。近年来,随着期货市场的发展,期货品种不断增加,吸引了非常多的个人投资者参加,参与者的广泛性也可能会导致投机过度,引发金融风险,甚至会牵连到现货市场。

3. 期货交易杠杆大

期货交易是一种杠杆交易,只需要缴纳一定比例的资金,就能做数倍金额的交易,其以小博大的特征容易吸纳大量投机,容易聚集市场风险。近年来很多媒体披露越来越多的期货交易从套期保值和规避风险的功能运用转向投机交易就说明了这一点。同时,保证金交易会把市场风险成倍扩大,从而微小的基础价格变动都会引起期货市场的巨大变动。因此我们必须建立分散风险和控制风险的运行机制,对期货市场实行严格监管。

1.1.5　期货市场的不正当交易行为要求加强市场监管

任何市场都不可能是理想的完全竞争市场,期货交易的特征使得期货市场更容易出现各种不正当交易行为。这些不正当行为严重扰乱了市场秩序,导致市场价格机制失灵,公开、公平、公正的竞争机制也就难以形成,影响了期货市场功能得到发挥,投资者利益受损,期货市场的活力也受到削弱。期货市场的不正当交易行为主要包括虚假陈述、散布谣言欺骗和诱导客户、内幕交易、操纵市场、非法回扣以及一度较为泛滥的变相期货等。这些情况依靠市场的手段不能得到很好的解决,而需要加强市场监管,依靠监管维护市场稳定运行和健康发展。

1.1.6　期货市场的开放性和竞争性要求加强市场监管

随着经济全球化,在实体经济中原材料的采购和产品的销售都突破了国家界限,从而实现资源的全球化配置。现货市场的全球化客观上要求期货市场也能够全球化,从而

为经济主体提供跨地区的套期保值和风险规避。而电子化交易方式的广泛采用也为这种需求提供了操作上的可行性。随着期货市场全球化的进一步形成，交易所之间的竞争也开始跨越国界，为争夺国外交易资源，交易所纷纷将交易终端推广至他国，甚至直接在国外开办交易所分所。期货市场的竞争性和开放性极大地促进了期货市场的发展和市场规模的扩大，同时也对期货市场的监管提出了更高的要求。

1.1.7　国内外实践表明有必要对期货市场加强监管

我国期货市场起步较晚，由于期货市场的复杂性以及企业进行境外期货交易经验的缺乏、风险防范机制的不健全，我国期货市场经历了一番曲折的历程，如国债"327"事件、中航油事件、国储铜事件等都给我国期货业的发展带来了很大的负面影响。在国际金融市场上也发生过英国巴林银行事件、日本大和银行、住友银行事件以及亚洲金融危机等，这些都与金融市场缺少风险监管体制有关。因此，加强期货交易的内部风险防范和外部风险监管，是发挥期货市场积极作用的重要保障。

1.2　期货市场监管的目标与原则

1.2.1　期货市场监管的主要目标

期货市场监管的目标是指体现在国家立法和自律规范之中，通过各种风险控制制度得以实现的某些基本准则。这些基本准则指导着国家立法和自律规范的制定、修改，也是各种市场风险控制制度建立和运作的目的。综观各国期货市场监管制度，维护期货市场的安全与稳定以及保护投资者的合法权益是各国构建监管制度的两大共同目标，它们或明确为有关法律和自律规范所规定，或作为法律和自律规范制定的背景而体现在监管规范的条文之中。

1. 维护期货市场的安全与稳定

安全与稳定是期货市场乃至整个金融市场健康发展的主要标志，也是金融监管制度的重要目标。如前所述，作为国内和国际金融市场的重要组成部分，期货市场呈现出高风险和国际性，一旦市场运作出现问题，不仅危及金融体系的安全，而且可能引发经济社会秩序的混乱，甚至会迅速传导到世界各主要金融市场，引起全球性金融动荡。因此各国构建监管制度时无不通过建立健全各种风险防范制度，如保证金制度、当日无负债结算制度、持仓限额和大户报告制度、涨跌停板制度等风险控制制度来防范市场风险，保证市场的安全与稳定，维护社会公共利益。1994 年 7 月 27 日，巴塞尔委员会发布的《衍生工具风险管理指南》列出了信用风险（credit risk）、市场风险（market risk）、流动性风险（liquidity risk）、操作风险（operation risk）及法律风险（legal risk）5 种风险。对于期货市场而言，上述 5 种风险中的信用风险和法律风险较小，市场风险、流动性风险和操作风险从根本上是无法防范的，因为它们都是正常的商业风险（business risk）。

在市场中从事交易不可能没有风险，风险与收益永相伴随是经济学的基本原理，市场中不可能存在只承担风险而无收益或只有收益而不承担风险的交易。因此，所谓防范和化解包括期货市场在内的金融市场风险，主要是指健全各项制度，防止人为因素造成的风险。

2. 保护投资者的合法权益

投资者（包括套期保值者、投机者）是整个期货市场的服务对象，是它存在和发展的基础，缺少投资者的市场根本不可能运作。同时，相对于期货交易所和经纪商等市场组织者和中介者而言，他们又处于弱势的地位，其利益极易受到损害。例如经纪商欺诈客户、挪用其资金、期货交易所违规强制平仓等。期货市场投资者的利益是社会公共利益的重要组成部分，因此保护投资者的合法权益非常重要，否则投资者会因监管制度对其保护不力而失去进入市场的积极性，这势必危及期货市场的生存。芝加哥期货交易所前副总裁威廉·格罗斯曼曾指出，管理期货业务的关键之一即在于客户利益的保护。应当注意，这里强调保护投资者权益，并非说期货交易所、结算所和经纪公司的利益不需保护，而是指投资者的利益有重点保护的必要。具体而言，保护投资者合法利益就是要建立和健全期货市场各种客户保护制度，如风险揭示制度、账户分立制度、公开市场制度、禁止操纵市场制度、禁止内幕交易制度及公开信息资料制度等，并严格实施这些制度。

1.2.2　期货市场监管的价值取向

价值是在人们的观念和社会生活中用以判断事物或行为的标准。价值标志着人与外界事物的关系，即外界事物的属性对人的需要所发生的效应，以及人的有关评价。所以事物的价值包含两个互相联系的方面：一是事物存在对人的意义；二是人对事物有用性的评价标准。法的价值就是以法为载体的主体需求，或主体需求在法中的表达。期货市场监管的价值就是监管制度对期货市场投资者、中介者、组织者的积极意义。通俗地说，它就是在监管制度规范之中所隐含的对期货市场各类主体及其行为的评价标准。从各国期货市场监管制度的内容和运作实践看，监管制度的价值取向表现在秩序、效率和公平三个方面。它们既是监管制度终极目的的体现，也是监管制度建立和健全的评价标准与努力方向。

（1）秩序。秩序即事物之间的稳定联系，它的存在是人类社会一切生存发展活动的必要条件，无序则意味着社会普遍存在着不连续、无规律的现象，社会生活中经常出现偶然的、不可预测的、难以控制的混乱因素，人们在这种无序状态下显然无法生活下去。在文明社会中，法律是消除或预防无序状态的首要的和经常起作用的手段。法律规范的根本特性即在于把人们的关系以强制力稳定起来，排除社会生活中的混乱现象，这表现为法律的规范性和稳定性，法律的基本价值因而首先表现为秩序。同时，秩序也是任何法律性和非法律性社会规范（如宗教、道德等）所追求的首要价值。期货市场监管作为一种规范体系，它的首要价值即在于确立期货市场的秩序，使其稳定地运行。只有市场有序运行，期货市场才能实现自己的功能，各个主体也可以有效地实现自己的活动目标。

（2）效率。从经济学意义上讲，效率或效益一般是指以最少的投入获得最大的有效产出，或以同样的投入获得更多的有效产出。它是社会资源配置的重要标准。效益不仅是经济学家关注的目标，也是法学家关注的问题。有学者指出，经济法在一定意义上是经济效益法，是通过协调各方的经济行为和经济利益关系以获取最大经济效益的法。经济法的制度和规定都是以获取经济效益为出发点和终点的。现代社会的法律，从实体法到程序法，从根本法到普通法，从成文法到不成文法都有或应有其内在的经济逻辑和宗旨，即以有利于提高效率的方式分配资源，并以权利和义务的规定保障资源的优化配置和使用。无效率的法律制度所调整的经济活动不可能是有效率的。期货和期权市场是一种资源配置渠道，保障它有序运行的期货市场监管制度当然应该体现出效率价值。这种效率价值表现在，一方面，期货市场监管制度体系的建立健全都是以提高市场的运行效率为根本目标的。另一方面，监管制度的建立健全必须体现效率原则，监管制度应当具有科学性，它既要准确反映期货市场的当前实践，又要为它的未来发展提供必要的制度空间。同时，监管制度本身必须体系完整、结构合理，具有可操作性。

（3）公平。公平是法的公认价值。它是法律权利和义务分配的目的或结果。公平一词往往与正义和公正等概念一起使用。一般而言，人们把公平分为实质公平和程序公平。前者是指权利和义务的分配状态要平等，后者是指权利和义务的分配方式也必须不偏不倚，这两者互相依赖、密不可分。期货市场监管制度的建设也体现了公平原则。就实质公平而言，监管制度明确规定了各类市场主体的准入条件和资格，它们都在监管制度所确立和维护的市场中生存、竞争和发展；就程序公平而言，监管制度也明确规定了各类市场主体的进入程序、监管主体的业务程序和各类市场主体之间发生纠纷时的救济程序。同时，在实体和程序上明确规定上述各项内容也是建立健全期货市场监管制度的应有之义。

1.2.3 期货市场监管的理念与要素

1. 监管理念

国际证监会组织（IOSCO）是在证券、期货市场的国际监管与调控方面做得最好的国际组织。其突出贡献在于制定、通过了一系列协议、标准与准则。这些协议及其技术委员会发布的报告、决议、建议标准被各国所采用，对各国证券与期货市场的发展起到了规范作用。1998年9月，国际证监会组织提出了证券市场的三个监管理念：保护投资者；确保市场公平、有效和透明；减少系统性风险。这三个理念既紧密相连又互有重叠，对于期货市场的监管同样适用。但是，期货市场作为现货市场的风险管理市场，其市场的稳定和经济功能的发挥则是监管制度应该重点保障的内容。

扩展阅读 1.3　国际证监会组织 IOSCO

一个市场成熟与否、投资者有无信心，国际上大型机构投资者一般用"FELT"来衡量。即 fair（公平）、efficient（高效）、liquid（流动性）、transparent（透明）是一个好市场的必备特征，因此，期货市场监管必须围绕这四个方面建立理念框架、法律框架和执行管理框架。

2. 监管要素

监管一般被认为是监管主体为了实现监管目标而利用各种监管手段对监管对象所采取的一种有意识和主动的干预与控制活动。监管主要包括三方面的要素：监管主体、监管对象和监管方式。监管理念并非监管的要素，但是，每一个监管要素都受到监管理念的影响，监管理念渗透在每一个监管要素之中，并且自始至终贯彻在整个监管的过程中。

（1）监管主体，即谁监管。在一国中，往往有专门的机构负责对期货市场的监管。例如，美国是商品期货交易委员会（CFTC），中国香港是证券及期货事务监察委员会，中国内地是中国证券监督管理委员会。每一个监管机构作为监管规则的制定者和实施者，都会确定自己的监管理念。监管理念是监管主体开展监管工作的指导思想，是所有监管活动的前提和基础。

（2）监管对象，即监管什么。期货监管的对象主要包含以下两方面：一是期货市场参与者，包括期货交易所、期货公司、期货投资咨询机构，以及为期货交易提供服务的法律服务机构、审计服务机构和评估服务机构等。二是期货市场发生的行为和活动，包括期货交易、合约上市退市、信息披露、实物交割等。期货市场参与者在期货市场所采取的行为及活动都应当是监管的对象。监管理念是监管主体对整个监管活动的认识和安排。监管对象就是依据监管理念来确定的。对于期货市场发生的行为和活动而言，不同的监管理念可能决定它们作为或不作为。

（3）监管方式，即怎么监管。它主要包括两个方面：一方面是监管制度的建设，期货监管制度主要以两种形式存在，即具有强制约束力的法律法规和行业的自我约束规则；另一方面是采取监管的具体手段，法律手段和行政手段是期货监管的主要方式。期货监管理念直接决定期货监管的方式，监管理念在期货监管制度上会得到充分的体现，每一个条文都渗透着监管理念，并以法律的形式确立监管者的地位、保障监管行为的实施。且监管主体在制定法律法规的同时，也确立了监管的模式，从世界各国来看，期货监管的模式，无外乎是政府主导型、行业自律型以及政府监管和行业自律相结合的中间型三种。各国监管理念的差异决定监管模式的不同，而上述的监管模式也体现了各自的监管理念。

因此，期货监管理念并不是单一的要素，而是期货监管主体对监管活动全面的认识和对监管其他要素的系统安排，渗透到期货监管的每一个环节和每一个角落。期货监管理念是期货监管工作的关键。

1.2.4　期货市场的监管原则

期货市场的监管原则应具有稳定性和导向性，并应贯穿期货监管立法、司法和执法的整个过程，统一整个期货监管的法律体系，并直接决定期货监管法律制度的基本内容。同时期货市场的监管原则也将直接决定一国期货市场发展路径和发展速度，它体现了监管者对某一价值的偏重取向，如对规范秩序要求高于发展速度，则在制度制定上可能会偏向直接控制，或是倾向于保护投资者利益，以达到整个期货市场利益的均衡。

期货市场的监管原则包括以下几个方面。

1. 公开、公平、公正原则

期货市场机制建立在公开、公平、公正的基础上，政府监管部门以此为核心依法治市，保护投资者的合法权益，建立和维护投资者信心，确保市场功能的正常发挥。

1）公开

公开是指市场信息在真实、准确、完整、及时和公平传播基础上的公开化。市场的公开程度，是期货市场信息传播的广度、速度、密集度和失真度，直接关系到期货市场调控的机制、手段和信号的灵敏程度。期货法律制度通过保证市场信息的充分公开来实现期货市场效率。公开理念反映在期货监管制度上，主要是全部相关信息的公开和持续公开。这不仅要求市场参与者公开影响投资决策的相关信息，同时也要求期货监管机构公开监管规则及其实施过程，做到市场透明、监管透明。只有公开的法律与政策才能成为行为准则，否则，有失法的尊严与约束力，而且执法者、司法者也无章可循、各有主张，甚至同案异判。不透明的市场、不透明的监管，必然使投资者望而却步，难以寄予期望、信任。缺乏公信力的市场，必然没有充满信心的投资者。因此，期货监管工作必须注重监管市场参与者的信息披露，确保市场透明度，同时，必须提高监管法律法规、规章和工作程序的透明度，照章办事，按公开程序例行检查和监督。

2）公平

公平是指所有交易主体在期货市场中地位平等、机会平等。美国哲学家约翰·罗尔斯对公平原则解释道："如果一个制度是正义的或是公平的，亦即满足了两个正义的原则，那么每当一个人自愿地接受了该制度所给予的好处或利用了它所提供的机会来促进自己的利益时，他就要承担职责来做这个制度规范所规范的一份工作"，"公平原则具有两个部分：一部分阐述我们怎样通过自愿地做各种事情来承担各种职责，另一部分提出了所涉及的制度要符合正义的条件。"

期货交易高度秩序化、高度风险性的特征，要求每个市场参与者必须服从市场的游戏规则，自愿承担和自己获利机会相对应的职责。这就是期货市场实现程序公平、主体地位平等和等价交换的公平理念。公平的标准先于程序而确定，公平的程序是依据公平标准制定的保证机会均等的一种制度。主体地位的平等体现在人人机会均等、权利义务均等、法律地位均等，包括投资者的交易地位平等和投资者的合法权益得到公平保护。监管的程序制度就是为了保证各个投资者的机会均等，共同遵守统一的市场规则和程序。期货投资和期货交易也是商品交换的形式之一，必然受制于价值规律和等价交换原则。等价交换要求市场交易双方有偿地平等给付。有偿交换保证了简单再生产和扩大再生产的不断延续，否则，市场将无以为继，所以，市场公平性建立在商品等价交换原则的基础上。在目前我国期货市场中，社会公众投资者资金是期货市场资金的重要基础，如果社会公众投资者与机构投资者之间不平等，必然造成投资机会、投资成本收益的不平等和市场效率的不充分，社会投资者就会丧失信心。所以，几乎所有证券、期货法规都以保护中小投资者合法权益为重要目标。

3）公正

在期货市场中，公正精神的体现主要是针对市场的立法者、司法者、监管者而言的，是对其权力的赋予和约束，也是对市场行为的评价和约束。约束市场行为、约束个体或行政的权力，都有赖于法律的公正。法律以实质权力的公正和程序上的公正，体现社会公正观念。权力的滥用，无论其理由如何充分，如何符合人为定义，都是违背法治理念的，行为者、执法者、司法者均是如此。因此期货市场的公正，是指期货市场参与者能够得到期货监管机构和其他执法机关的公正待遇，包括监管工作有法可依、违法必究、执法必严，而且必须依法监管、依法办事。公正是依法治市、依法监管的基本内容，可以震慑期货违法违规行为，支撑投资者信心，促进理性投资。在期货监管工作中，如果执法松紧不一，处罚宽严有别，违背了市场规律和公正原则，必然导致投资者信心和市场效率双双受损。因此，公正执法是切实保护投资者的基本手段，是监管工作目标实现的保障。

2. 保护投资者利益原则

期货市场是投资市场的重要组成部分，同时又是投资市场中风险系数偏高的市场。由于期货交易的专业性很强，需要交易者具备很强的专业知识，但大多数交易者都不可能达到这个条件，因此与期货交易所和经纪公司相比处于弱势地位。另外由于期货投资者资金需要存放在期货公司的账户中，存在被经纪商挪用的可能，且期货投资者缺乏足够的专业知识和交易技巧，交易的过程必须借助期货经纪商这一中间渠道，因此很可能被误导和欺骗。

从国际市场来看，如果把整个期货市场的风险系数和盈利水平的关系用一个坐标图表示的话，如图 1-1 所示，横坐标表示风险系数，从左到右依次变大，纵坐标表示盈利水平，从下向上也是依次变大。

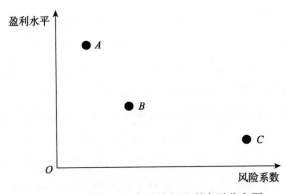

图 1-1　期货市场风险系数与盈利水平分布图

如图 1-1 所示，*A* 点代表期货交易所，其特点是风险小，盈利稳定且高。*B* 点代表期货经纪公司，其风险相较期货交易所要高，这种高出来的风险主要是投资者爆仓给期货公司带来赔偿损失的可能，其利润相较交易所也要低一些，这主要是由于相较交易所的垄断地位，经纪公司必须参与市场竞争，为了吸引更多的客户资源，期货经纪公司不得不压低价格甚至是同各期货公司打价格战。但无论是交易所还是期货经纪公司，它们分别作为期货交易的组织者和中介者，无论盈亏都能收取佣金和手续费，所以其收益都是相对稳定的，无须像投资者一样面临期货市场的价格风险。*C* 点代表投资者，是市场最重要的参与者，在期货市场上处于主要地位，如果没有投资者的参与，期货市场的基本功能——风险转移就缺少承担者。所以对于本来就处于弱势地位的投资者，法律上必须对其严格保护，否则就会打击他们对市场的信心，挫伤他们对期货的投资热情，最终将危及期货市场存在的基石。

3. 风险控制与系统性原则

期货市场是高投机、高风险的市场，价格瞬息万变，盈亏起伏巨大。价格变化的连续性及期货市场的杠杆交易机制，加上期货交易的复杂性，涉及各方面风险因素的多样性，使得防范期货市场风险成为期货市场监管的主要目标与基本原则。如果风险管理不当，不仅会严重损害期货市场运作的健全性和安全性，而且会影响期货市场功能的发挥，不利于国家经济稳定。期货市场的风险主要是结算风险、价格波动风险和信用风险，若不能控制这些风险，将会酝酿更大的金融风险。这样的例子屡见不鲜，如前文所提到的期货市场上比较重大的案例都给我们留下了惨痛的教训。由次级债危机引起的 2008 年的全球金融危机，其从本质上和源头上来说就是对金融衍生品市场的监管过度放任和自由化所导致的。期货市场是一个通过交易发现资产价格的市场环节，但是如果监管不力，任由风险过度积累，则不仅不能发现价格，还有可能虚抬价格，给整个资本市场增加泡沫。

另外，由于期货市场高度的复杂性以及与其他金融市场的联动性，加上金融全球化的发展，全球金融市场牵一发而动全身，容易引发连锁反应，形成系统性风险。因此，除了要有针对性的监管外，还得从整个市场联系的高度进行系统性监督管理。首先，应该把所有的市场参与主体和所有的风险因素都纳入监管范围，由于任何个体任何风险所引起的危机都可能波及整个市场，所以进行全面的监管是最好的选择。其次，组合运用内部监管、外部监管和自律监管等多种监管方式，共同在期货交易中发挥作用，形成有效的期货市场监管体制。再次，加强期货市场监管的国际合作，协调各国的监管内容和监管手段，参与建立期货市场监管的国际标准。加强各国之间监管信息的共享，及时应对国际金融市场上的风险。综合运用经济工具、法律工具、行政工具，实现有效监管，合理运用日常监管与重点监管、事前督导与事后监察，确保监管的高效。最后，应加强对期货投资者的宣传和教育，使投资者充分了解期货交易的特点和风险，熟悉期货市场的法律法规，增强风险防范意识，理性参与期货交易。

4. 金融创新与审慎监管原则

美国次贷危机发生后，很多人将这次危机的根源归于金融创新所产生的风险失控，进而引起的金融市场的泡沫所致。但是，通过研究美国次贷危机的根源可以发现，MBS[①]和 CDS[②]本身并不是罪魁祸首，"而是它们的基石——次级抵押贷款违约率上升，带动它们出了问题"[③]，并且是"同金融创新产品在房地产领域无节制开发、缺乏有效金融监管而畸形扩张所密切联系的"[④]。

随着金融业的不断发展，一个国家经济的发展在很大程度上是以金融业为基础的，而对于金融市场来说，金融创新是其发展的活力所在，金融创新能力就变得至关重要了。金融衍生产品是在对基础产品的不断创新下，发挥金融衍生工具的作用的，可以说，金融市场的高速发展和有效运行离不开金融创新的发展。但是，金融创新并不是完美的，它是一把"双刃剑"，在丰富市场产品多样性、扩展金融机构业务的同时，衍生品的复杂性也增大了金融风险。由于金融创新产品的风险性，如果不对金融创新进行有效监管，金融风险的累积使得金融机构处于金融"飓风"的"风眼"之中，稍有不慎就会引发系统性风险，甚至有造成金融危机的可能。因此，金融创新是不可或缺的，但没有监管的创新将是十分危险的，"本次金融危机的爆发，就表明美国政府主张的'自由经济模式'下的金融创新和衍生品交易过程的监管缺失。"[⑤]

就我国目前的期货市场而言，既要鼓励创新，完善市场品种，同时也要以审慎的态度衡量金融创新的风险，预防金融创新带来的金融风险，实现金融创新和审慎监管的平衡。首先，要为期货产品创新创造有利的条件和宽松的环境，鼓励期货产品的创新，充分发挥期货市场的作用；其次，期货产品的创新往往涉及多个金融市场，例如，外汇期货就涉及外汇市场、期货市场等，多个市场间存在着跨市场的风险，因此期货产品创新需要跨市场的联合监管，达到有效监管金融市场整体风险的目的。做到"保留'好'的金融创新，抑制'坏'的金融创新"[⑥]。

---

① MBS（mortgage-backed security），即抵押支持债券，最早的资产证券化品种，产生于 20 世纪 60 年代的美国。它主要是由美国住房专业银行及储蓄机构利用其贷出的住房抵押贷款，发行的一种资产证券化商品。其基本结构是，把贷出的住房抵押贷款中符合一定条件的贷款集中起来，形成一个抵押贷款的集合体（pool），利用贷款集合体定期发生的本金及利息的现金流入发行证券，并由政府机构或有政府背景的金融机构对该证券进行担保。

② CDS（credit default swap），即信用违约互换，是目前全球交易最为广泛的场外信用衍生品。ISDA（国际互换和衍生品协会）于 1998 年创立了标准化的信用违约互换合约，在此之后，CDS 交易得到了快速的发展。信用违约互换的出现解决了信用风险的流动性问题，使得信用风险可以像市场风险一样进行交易，从而转移担保方风险，同时也降低了企业发行债券的难度和成本。

③ 袁蓉君. 实行审慎监管，推进金融创新[J]. 中国金融家，2008（12）：78.

④ 李树生，齐敬宇. 从美国次贷危机看金融创新与金融监管之辩证关系[J]. 经济与管理研究，2008（7）：34.

⑤ 张宗新. 金融创新、监管协同与系统性风险控制[J]. 浙江工商大学学报，2010（6）：45.

⑥ 王华庆. 银行业金融创新审慎监管问题[J]. 中国金融，2010（9）：13.

5. 市场效率与适度监管原则

从法学的角度来说，对于期货市场的监管是国家公权力对于市场私权利的干预，但这种干预不是为了限制私权的正常行使，而是在私权不能正常行使时对私权的保护，维护市场的安全和效率。私权是市场经济的基础，我国正处于经济的转型过程中，在传统经济体制和观念的影响下，缺乏私权保护的意识，因此，更应该注重私权的重要性。对于市场的监管也应当以维护市场主体权利的行使为前提，过度的监管对于私权的正常行使是不利的，甚至变成行政权力直接干预市场运行的局面，对于市场效率的发挥是具有破坏作用的。但是，监管也有其必要性，"如果在市场经济条件下私权过分膨胀，私权的行使不是在有序的状态下来进行，那么国家必然要采用必要的干预"①。因此，要在维护私权的行使、保证市场效率的前提下，对市场进行必要的适度监管。

从现实看，国外成熟市场经济国家对于期货市场的监管是控制在一个适度范围内的，既防范市场风险，又保障市场有效运行。我国期货市场仍处于初步发展阶段，对于期货市场监管的制度与体系还不十分成熟和完善，统筹市场发展与市场监管的路径也不够清晰。在这种情形下，很可能发生对期货市场的过度监管，而过度的监管会减少期货市场的活力，降低市场应有的效率，对于处于发展期的期货市场是不利的。"监管越紧，成本也越高，不仅是监管自身的直接成本，而更重要的是对金融机构提供更低廉、更富创新性和丰富多样产品与服务的竞争力施加了限制，这最终将有损于这些产品和服务的消费者"②。

期货市场监管的适度原则要求期货市场监管主体根据期货市场与期货交易的特性，通过完善的监管制度，引导期货市场参与者行为的规范，这就需要法律对监管加以明确，什么应当管，什么不应当管，该如何管，在合理的范围内对市场进行有效监管，保证期货市场的稳定。首先，期货市场监管要尊重市场本身的特性和规律，在防范市场行为风险的同时，不应当违背期货市场的规律、限制期货市场的交易，只有在市场行为可能引起市场风险的前提下，监管主体才应当介入市场，对市场进行适度的干预。其次，也应当认识到，对市场的过度干预会影响市场的效率，但是对市场的放任不管或者是监管不足，会导致市场主体私权的膨胀和滥用，对市场效率同样会造成损害。对于期货市场与现货市场而言，如果没有对两个市场进行合理监管，利用跨市场的操纵行为和内幕交易获取不正当利益的风险就加大了，最终将导致市场失灵。最后，期货市场监管应当是在法律有明确规定的前提下进行的，不能把法律监管与行政权力滥用混为一谈。监管主体不应当对市场主体的微观市场活动进行直接介入，而是应该在宏观上对市场运行进行监管，维护市场的稳定与发展。另外，监管主体的权力也是应该受到监督的，避免监管主体从主观的角度对市场进行监管。期货市场具有同其他金融市场以及现货市场的联动性，使得跨市场监管成为必要，但跨市场监管一定要在法律明确授权的范围内行使，避免监管的真空和监管的重叠，否则对市场的效率也是不利的。

---

① 江平. 法学视野中的市场经济和宏观调控[N]. 法制日报，2004-12-02.
② 转引自张忠军. 金融监管法论——以银行法为中心的研究[M]. 北京：法律出版社，1998：73.

1.3　我国期货市场监管体系的演变

1.3.1　政出多头、无序监管时期（1993 年 11 月以前）

从 1990 年 10 月郑州粮食批发市场尝试打破中国期货交易的禁区之后的两年多时间里，我国成立了 40 多家交易所和 300 多家期货经纪公司，可代理期货交易的会员单位近 2 000 家；港台地区期货经纪商涌入境内，外盘期货交易在境内兴起。在此期间，我国期货市场一直没有明确统一的国家期货监管机构，各职能部门和地方政府按各自的分工对期货市场进行管理。各部门、各地方政府，出于自身利益，审批交易所、开办经纪公司，政出多门，造成期货交易所的重复建设和期货公司的盲目发展。

对期货公司的管理仅限于交易所对会员的管理，交易所的交易规则是唯一的监管制度。不具有交易所会员资格的期货公司以"二级代理"的形式出现，其经营行为要么无人管理，要么仅按照一般的公司法人接受当地工商管理局的一般性监管。

由于期货经纪的无序发展，个别地区和行业意识到期货经纪混乱状态的严重后果，各自尝试制定了一些地方性和行业性管理办法。1993 年 4 月 28 日，国家工商行政管理局公布《期货经纪公司登记管理暂行办法》；此前，国家外汇管理局公布了《外汇期货业务管理试行办法》。这一期间，期货交易立法明显滞后于发展迅猛的期货市场实践，期货公司监管权责不明确，一些部门有意插手各自领域的期货经纪业务监管，全国没有专门的管理机构。

期货公司既有一般企业法人的公司特征，又具有特殊行业的诸多特性，工商行政管理局管理起来一直难以完全到位。由于期货行业的突然兴起，且发展势头迅猛，许多行业标准和制度安排没有形成，从而导致了期货公司长期参照其他行业（如旅游餐饮服务业）的会计准则、税则和其他监管标准进行监管。

1.3.2　中国证监会统一监管时期（1993 年 11 月至 2000 年 12 月）

1. 规范交易行为，打击市场操纵

1993 年 11 月 4 日，国务院下发《国务院关于坚决制止期货市场盲目发展的通知》，指出对期货市场的试点工作的指导、规划和协调、监督工作由国务院证券委员会负责，具体工作由中国证券监督管理委员会（以下简称"中国证监会"）执行，各级地方政府指定了期货监管部门，建立了统一的期货监管机构，对期货市场进行集中统一管理。

1995 年，在"先试点、后推广、宁肯慢、务求好"监管方针的指引下，中国证监会出台了一系列重大的规范性政策，监管的重点开始转向整顿期货市场交易秩序、规范交易行为、控制市场风险方面。1996 年 2 月 23 日，国务院批转国务院证券委员会、中国证监会《关于进一步加强期货市场监管工作的请示》，从客户和资金两个方面进行控制和防止投机行为的发生。1996 年，中国证监会又下发了《中国证券监督管理委员会关于各期货交易所建立"市场禁止进入制度"的通知》《中国证券监督管理委员会关于

对操纵期货市场行为认定和处罚的规定的通知》，从制度上对期货公司伙同客户操纵期货市场的行为加以认定，并制定了相应的惩处规定。

这一阶段，国务院颁发了几个文件，对期货市场治理整顿的力度较大，但在期货经纪行业的管理上线条比较粗，管理经验也显得不足，加上地方保护主义，整顿效果不理想。虽然管住了期货经纪公司的出生证，但经纪公司内部制度建设、风险监管还远远跟不上，由于缺少约束机制，风险事件时有发生。

2. 对期货公司的系统监管

中国证监会对期货行业监管的重点是对期货经纪行业进行严格的管理，规范其代理行为，管理模式上同样经历了由分散、无序的管理到集中、有序的管理模式转化。

1）实行年检制度

从 1996 年开始，中国证监会对期货经纪公司实行年检制度，由地方期货监管部门进行初审，指定信誉良好的会计师事务所或审计师事务所进行年度审计。几年的实践证明，年检制度对规范期货经纪公司的经纪行为起到了重要的作用。期货经纪公司存在的漏洞，如注册资本金不足、挪用客户保证金、穿仓、亏损严重等都在年检中暴露出来。经纪公司通不过年检将被中国证监会摘牌，所以经纪公司对年检极为重视。

2）清理期货兼营机构

期货兼营机构在期货市场争议一直比较大，是我国期货市场初创时遗留下来的问题，实践证明弊大于利。兼营机构既可代理又可自营，内部管理松散，专业水平不如经纪公司，有的场地、设备都很简陋，出了不少问题。兼营机构不少是国有大中型企业，虽有部分单位从事套期保值业务，规避了市场价格风险，但多数管理不严，出现不少问题，造成了国有资产流失。

1998 年，中国证监会规定所有期货兼营机构只能自营不能代理，并且基本上实现了平稳过渡，在很大程度上也保护了经纪公司的利益。

3）注册资本的监管

关于期货经纪公司的增资问题，中国证监会酝酿了两年时间，广泛征求了方方面面的意见，决定期货经纪公司必须在 1999 年 9 月底将注册资本金增加到 3 000 万元。此举为全国期货经纪公司注入了 20 亿元左右的资金，帮助经纪公司增强了实力。从长远来看为期货市场的发展打下了很好的基础，虽然经纪公司的数量有所减少，但内在质量和抗风险能力有很大的提高，对期货经纪业的发展有着重大意义。

3. 法制化建设

1999 年 6 月 2 日，国务院发布了《期货交易管理暂行条例》（以下简称《暂行条例》），中国证监会根据《暂行条例》制定了与其相配套的四个管理办法：《期货交易所管理办法》《期货经纪公司管理办法》《期货经纪公司高级管理人员任职资格管理办法》《期货业从业人员资格管理办法》。《暂行条例》及四个管理办法于 1999 年 9 月 1 日起正式实施。这标志着中国期货市场的法制建设逐步走上正轨。由此中国期货市场具备了基本的法规体系，期货市场的法制环境大大改善。

1.3.3 "五位一体"期货市场监管体系形成时期（2000年12月至今）

2000年12月，中国期货业协会正式成立，我国期货市场形成了政府、行业协会、交易所的三级监管体系。中国期货业协会成立后，从期货从业人员考试、注册、登记和从业人员后续培训教育等工作入手，倡导行业诚信文化建设，制定行业行为规范准则，打击行业恶性竞争，做了大量的工作，行业自律监管逐渐步入正轨。

2002年，随着期货监管工作从治理整顿转向规范发展，中国证监会针对《暂行条例》和四个管理办法中落后于形势发展的一些限制性规定进行了及时修改。2007年以来，国家进一步明确了稳步发展期货市场的方针，明确了期货市场的地位，并在《暂行条例》的基础上，正式出台了《期货交易管理条例》（以下简称《条例》）。期货市场建设方向也逐渐发生了变化，由以前的宏观政策调控为主转变为以微观市场建设为主。2012年、2013年、2016年和2017年，国务院对《条例》进行了四次修订。至今，我国期货市场形成了以《条例》为核心，以中国证监会四个行政规章及大量的规范性文件为主体的市场法规体系。

为了进一步适应期货市场的发展需要，2006年3月，经国务院同意，中国证监会决定设立中国期货保证金监控中心（2015年4月更名为中国期货市场监控中心），负责对我国期货市场运行进行辅助监管。其依托数据集中优势，从实名制开户、保证金监控、市场监控及期货经营机构监控等多个角度，对期货市场实施全方位监测，及时防范个体性风险和系统性风险。至此，我国已形成中国证监会及其派出机构的行政监管、期货交易所的一线监管、中国期货业协会的行业自律管理以及中国期货市场监控中心的辅助监管的"五位一体"的期货市场监管体系。

本 章 习 题

1. 简述期货市场的风险类型。
2. 试从市场失灵的角度阐释期货市场监管的必要性。
3. 为什么说期货市场的不正当交易行为要求加强市场监管？
4. 简述期货市场监管的基本原则。
5. 试从期货市场监管的适度性原则角度阐述如何进行期货市场监管。

光大"乌龙指"事件与期货市场监管的必要性

第 2 章

期货市场监管的理论基础

【本章学习目标】

1. 了解金融监管理论的源流和发展，从而理解期货市场监管的一般规律；
2. 理解若干代表性金融监管理论在期货市场上的适用；
3. 理解期货市场监管的特定内涵。

黑色系"王者归来"之时

中国证监会：坚决抑制商品期货市场过度投机

2016 年 4 月，中国大宗商品期货疯狂，成交创天量。为了给疯狂的市场降温，上海期货交易所、大连商品交易所、郑州商品交易所三大期交所连续出手。不过"好景不长"，经过连续两天大幅调整，黑色系再度集体暴涨。焦炭、铁矿涨停，焦煤涨 5.38%，螺纹钢涨 2.91%，热卷涨 2.75%。沪金、沪银、沪锌均涨逾 2%。

中国证监会在新闻例会上表示，在近期国际大宗商品价格回暖的背景下，国内商品期货价格剧烈波动，成交量过大。我会已要求期货交易所加强市场监管，采取针对性措施抑制市场过度投机。相关措施实施后，一周以来期货市场交易量明显下降，投机气氛有所降低。但目前少数品种交易仍然存在过热情况，我会将继续指导期货交易所采取稳妥措施，坚决抑制过度投机，严厉打击违法违规行为，保持市场平稳有序。我会将坚持期货市场服务于实体经济的根本宗旨，发挥好期货市场价格发现和风险管理的基本功能，坚决阻止期货市场成为短线资金过度炒作的场所。

成交量高涨显示出期货市场的活力，也有助于增加期货交易所的营业收入，但为什么期货交易所要采取措施，坚决抑制过度投机，防范短线资金过度炒作呢？这其中的期货市场监管有哪些理论依据，又是如何演变的？哪些是适合当前中国期货市场的监管理论呢？这些就是本章将要重点探讨的问题。

期货市场是金融市场的重要组成部分，因此期货市场监管的理论基础需要符合金融监管理论的一般逻辑。同时，期货市场发展也有其自身规律，针对其市场特性和演化规律，形成了有特定内涵的监管理论和监管文化。本书将围绕金融监管理论的演化历程、若干代表性的金融监管理论及期货市场监管的特定内涵展开讨论。

2.1   金融监管理论的源流和发展

认同政府干预还是支持自由放任代表了经济学理论的两大主流，历来是各经济学派争论的主要焦点，尽管金融监管本身并不等同于政府干预，但是金融监管理论却受着政府干预理论的重要启示与强力支持，因而也随着争论双方的此消彼长而发生变化。同时，金融监管活动又具有很强的实践性和技术性，因此回顾金融监管理论的发展脉络，既要考察当时主流经济金融思想的影响，还必须结合当时金融市场发展的实践活动和监管理念。

2.1.1   金融监管理论的发轫（20 世纪 30 年代以前）

早期的金融监管活动既没有固定的制度安排可循，更缺乏严谨细密的理论依据。政府对金融活动进行监管的法律依据最初可以追溯到 18 世纪初英国颁布的旨在防止证券市场过度投机的《泡沫法》。但真正意义上的金融监管，

扩展阅读 2.1   南海公司事件与《泡沫法》的出台

是与中央银行制度的产生和发展直接相联系的。中央银行制度的普遍确立是现代金融监管的起点，有关的金融监管理论也由此初步形成。

古典经济学和新古典经济学历来是反对政府干预的，"看不见的手"的信条在理论上与中央银行的金融监管职能格格不入。根据亚当·斯密的真实票据理论，只要银行主要投资于体现实际生产的短期商业票据，就不会引发通货膨胀或紧缩，"看不见的手"仍然能够发挥作用，并不需要中央银行专门来管理货币。对此，亨利·桑顿在 1797—1825 年的"金块论战"中指出，真实票据的不断贴现过程，将会导致信用链条的延长和信用规模的成倍扩张，故而真实票据原则并不能保证银行有足够的流动性或货币供给弹性，从而避免银行遭到挤兑以及引发通货膨胀或紧缩。因此，以真实票据原则发行银行券存在过度发行的危险，应该受到集中的监管。在随后半个多世纪的争论中，桑顿的观点得到实践的支持，统一货币发行的中央银行纷纷建立。中央银行制度最初建立的目的在于统一管理发行货币，而不是监管整个金融体系，更不涉及金融机构的微观行为。继统一货币发行权之后，各国中央银行还逐步建立起覆盖各商业银行的票据清算系统。

扩展阅读 2.2   货币中性：是与非——西方货币中性理论评述

但统一货币发行和统一票据清算之后，货币信用的不稳定性仍然没有消失，许多金融机构由于不谨慎的信用扩张而引发金融体系连锁反应式的波动，进而引起货币紧缩并制约经济发展。这就与古典经济学和新古典经济学的"货币中性"主张明显相悖。为此，中央银行作为货币管理者，逐渐开始承担起信用担保的责任，即作为众多金融机构的最后贷款人为其提供必要的资金支持和信用保证，目的是防止因公众挤提而造成商业银行连锁倒闭和整个经济活动的剧烈波动。这样，中央银行就从以统一货币发行和提供弹性货币供给为特征的货币管理职能，逐渐衍生出最后

贷款人的职能，承担维护整个金融体系稳定的责任。

实质上，履行最后贷款人职能并非当下金融监管的核心要义，但是它却为中央银行进一步演变为权责更加广泛的金融监管者奠定了基础。因为中央银行的最后贷款可以成为迫使金融机构遵从其指示的一个重要砝码，因此中央银行就有可能也有必要对金融机构的经营行为进行检查。这种检查活动在当时主要是对商业银行进行的各种现场检查和非现场检查，后来也延伸到证券、保险等其他金融部门。但由于这种检查主要是基于贷款协议的安排，类似于商业银行对贷款运用所进行的财务及信用检查，而不是行政上或法律上的监管行为，因此，一般认为，现代意义上的金融监管是在 20 世纪 30 年代大危机之后。以美国为代表，在 20 世纪 30 年代大危机爆发以后不久，便通过国会立法赋予央行（以及后来设立的证券监管机构）以行政监管职能，由此开始了对金融体系进行行政监管和执法监督的历史进程。

总而言之，20 世纪 30 年代以前的金融监管主要集中在实施货币管理和防止银行挤兑的政策层面，对于金融机构经营行为的监管和干预都较少论及。这种状况与当时自由市场经济处于鼎盛时期密切联系，从理论界到实务界普遍认同"管理越少的政府就是越好的政府"。但 30 年代的大危机打碎了这一切，最终扭转了金融监管理论的发展方向。

2.1.2　严格监管、安全优先（20 世纪 30—70 年代）

20 世纪 30 年代的大危机表明金融市场具有很强的不完全性，"看不见的手"无所不至的能力只是一种神话。在金融市场上，由于市场信息的不完全和金融体系的脆弱性、传染性等自身特点，市场有时也会失灵。在 30 年代大危机中，大批商业银行及其他金融机构的倒闭，给整个金融体系造成了极大的冲击，甚至影响到了资本主义的经济基础。

大危机后，立足于市场不完全、主张国家干预和重视财政刺激的凯恩斯主义取得了经济学理论的主流地位，这也是当时金融监管理论快速发展的主要背景。这一时期，金融监管理论以维护金融体系安全、弥补金融市场的不完全为主要出发点。主张政府干预、弥补市场缺陷的宏观政策理论，以及市场失灵理论和信息经济学的发展进一步推动了强化金融监管的理论主张。这段时期的金融监管理论研究成果丰富、影响深远，对至今的金融监管政策都有很强的借鉴意义。其中，一些学者认为，自由的银行制度和全能的金融机构具有较强的脆弱性和不稳定性，商业银行过度参与投资银行业务，并最终引发连锁倒闭是大危机的导火索。

这一时期金融监管理论主要是顺应了凯恩斯主义对"看不见的手"的自动调节机制的怀疑，为 20 世纪 30 年代开始的严格而广泛的金融监管提供了有力的注解，并成为第二次世界大战后西方主要发达国家对金融领域进一步加强管制的主要论据。在凯恩斯主义的影响下，传统上中央银行的货币管理职能已经转化为制定和执行货币政策并服务于宏观经济政策目标，金融监管更加倾向于政府的直接管制，并放弃自由银行制度。其主要理论有：托宾的货币理论——通过均值–方差模型分析并说明市场经济中收益和风险共存，为弱化风险，需要政府进行干预，包括制定相关法律法规、制定财政政策和货币政策、对金融机构和金融活动进行管制等；费雪的脆弱性理论——产生经济危机的原因是企业过度负债和通货紧缩，而中央银行又没有及时干预，致使一个企业破产就产生连锁反应，进而引发银行倒闭；斯蒂格勒的不完全信息理论——银行信贷市场同商品交易市场一样是不完善的，因此逆向选择和不当激励总是存在。

体现在法律制度和监管行动上，西方主要发达国家更加强调对银行业、证券业等金融机构经营范围和运作方式的具体干预，这种干预逐渐成为这一时期金融监管的主要内容。以美国为代表，20 世纪 30 年代以来，先后出台了《1933 年银行法》（1933 年）、《证券交易法》（1934 年）、《公用事业控股公司法》（1935 年）、《商品交易法》（1936 年）、《信托契约法》（1939 年）、《投资银行法》（1940 年）、《消费者保护法》（1968 年）、《证券投资者保护法》（1970 年）、《平等信贷机会法》（1974 年）、《商品交易委员会法》（1974 年）等多部金融法律，涵盖了银行、证券、信托、期货等主要金融领域，并健全了联邦储备银行、证券监督委员会、商品期货交易委员会的机构和职能设置，形成了较为全面的金融监管框架。英国、德国、日本等国也相继建立了严格的金融监管制度。[①]

2.1.3　金融自由化与放松管制（20 世纪 70 年代—80 年代末）

20 世纪 70 年代，困扰发达国家长达十年之久的"滞胀"宣告了凯恩斯主义宏观政策的破产，以新古典宏观经济学和货币主义、供给学派为代表的自由主义思想开始复兴。在金融监管理论方面，金融自由化思想重新占据主流，并在监管部门不断扩大其影响。以弗里德曼为代表的货币主义学派主张经济自由，反对政府对经济的过度干预，认为政府的主要作用是制定市场规则、维护市场秩序等。以布坎南为代表的公共选择学派认为，政府干预不一定能弥补市场缺陷，相反有可能带来和市场失灵一样的不良结果。斯蒂格勒认为，市场和政府都有可能失灵，因此需要结合二者的作用，通过政府干预以挽救市场失灵，同时采取措施加强竞争以提高市场效率。

金融自由化理论主要从两个方面对 20 世纪 30 年代以后的金融监管理论提出了挑战。一方面，金融自由化理论认为政府实施的严格而广泛的金融监管，使得金融机构和金融体系的效率下降，压制了金融业的发展，从而最终导致了金融监管的效果与促进经济发展的目标不相符合；另一方面，金融监管作为一种政府行为，如同政府在其他市场领域一样，也会受到市场机制中普遍存在的信息不完备和不对称的影响，即政府也会失灵，甚至基于金融市场的波动性、敏感性和传染性，政府监管的负面效果可能更加严重。为此，就需要推动金融自由化，释放金融市场自身的活力。

金融自由化理论的主要内容包括金融抑制和金融深化。金融抑制是指政府过多地干

---

① 冯科. 金融监管学[M]. 北京：北京大学出版社，2015：18.

预金融活动从而抑制了金融体系的自身发展,而金融体系的发展滞后又阻碍了经济的发展,进而造成金融滞后和经济落后的恶性循环。金融深化是指政府放弃对金融活动的过度干预,放松对利率和汇率的严格管制,使利率和汇率成为反映资金供求和外汇供求出现变化的信号,从而利于增加储蓄和投资,促进经济增长。但需要注意的是,这一阶段的金融自由化理论并非完全抛弃政府干预,而是以提高效率为目标适当放松监管,凸显出新自由主义与古典自由主义的不同,前者不是完全否定政府干预的作用,而是强调在政府干预中侧重保护和完善市场的自由竞争机制。

如果说 20 世纪 30—70 年代金融监管理论的核心是金融体系的安全优先的话,那么,金融自由化理论则尊崇效率优先的原则。30 年代以前基本不受管制的自由金融体系在30 年代的大危机中崩溃,导致金融体系的安全性成为人们优先考虑的目标,30 年代到70 年代日益广泛、深入的金融监管,特别是那些直接的价格管制和对具体经营行为的行政管制,严重束缚了金融机构自主经营和自我发展的手脚,而在存款保险制度已充分发挥其稳定作用、银行挤提现象已经大为减少的情况下,金融机构的效率、效益要求就日益凸显出来,并超越了安全性目标的重要性。

2.1.4　安全与效率并重的金融监管理论（20 世纪 90 年代以来）

自由主义经济理论的“复兴”,并没有否定市场的固有缺陷,它们与政府干预论的差异主要体现在干预的范围、手段和方式等方面。因此,无论是在发达国家还是在发展中国家,金融自由化的步伐一直没有停止,在 20 世纪 80 年代后半期和 90 年代初,金融自由化达到了高潮,很多国家纷纷放松了对金融市场、金融商品价格等方面的管制,一个全球化、开放式的统一金融市场初现雏形。

然而从 20 世纪 90 年代初开始,一系列区域性甚至全球性金融危机的相继爆发,迫使人们又重新开始关注金融体系的安全性及其系统性风险,金融危机的传染与反传染一度成为金融监管理论的重点。在 1997 年亚洲金融危机以前,面对各国金融开放的热潮,一批有识之士,如斯蒂格里茨和日本的青木昌彦曾经提出过的金融约束论,成为金融监管论进一步发展的标志。对于金融危机爆发的原因,在理论界研究甚多。一般倾向于认为,金融自由化和金融管制的放松并不是最主要的。事实证明,很多高度开放的经济体,同时拥有较高的金融自由度和市场稳定性,并且为经济发展提供了效率保证。一些专家认为,问题的关键可能在于,那些实行金融自由化的国家,其政府管理金融活动的能力,以及经济发展和开放策略的顺序可能存在差异。

20 世纪 90 年代的金融危机浪潮推动了金融监管理论逐步转向如何协调安全稳定与效率的方面。与以往的金融监管理论有较大不同的是,现在的金融监管理论除了继续以市场的不完全性为出发点研究金融监管问题之外,也开始越来越注重金融业自身的独特性对金融监管的要求和影响。这些理论的出现和发展,不断推动金融监管理论向着管理金融活动和防范金融风险的方向转变。鉴于风险和效益之间存在着替代性效应,金融监管论这种演变的结果,既不同于效率优先的金融自由化理论,也不同于 30—70 年代安全稳定优先的金融监管理论，而是二者之间的新的融合与均衡。这一时期的代表性理论主要有：莫顿和博迪的功能监管论——金融功能比金融机构更稳定，机构的形式随功能而变化，因而可以依据金融体系基本功能设计金融监管体制，按照金融活动与功能划分监管主体，提高监管者的专业能力，降低监管者与被监管者的信息不对称程度。马努埃尔·奎田的银行业稳健三支柱论——实现银行业稳健需要三大支柱，分别是政府监管、内部管理和市场约束，内部管理的目的一方面是将政府监管引起的银行业内部道德风险降至最低，另一方面是提高银行的业务能力，而市场约束是通过收集、评价和公布银行的经营及信用信息来促使银行提高资产质量、运行更加稳健。博弈论对金融监管过程的描述和模拟也非常有用。金融监管过程的参与人主要是受管制市场中的消费者和企业，其过程是由金融市场中的消费者和企业、消费者偏好和企业技术、可利用的策略以及规则组合来界定的一种博弈，以此可以深入研究金融监管的效果。[①]此外，面对一体化、全球化的趋势，对跨国金融活动的风险防范和跨国协调监管也已成为当前金融监管的重点。以世界银行、国际货币基金组织、国际清算银行等为代表的国际金融组织对国际金融监管理论的发展做了新的贡献。

2.1.5 后危机时代的金融监管理论展望

2008 年国际金融危机爆发以来，对传统金融监管理论的重新审视，反映出以个体金融机构为监管重点的政策框架存在缺陷。痛定思痛，以 2010 年 7 月美国《多德-弗兰克华尔街改革与消费者保护法》（以下简称《多德-弗兰克法案》）的出台为代表，西方发达国家纷纷重启金融监管改革，进一步强化宏观审慎监管、防范系统性风险和加强金融消费者保护。值得注意的是，推动衍生品监管改革正是《多德-弗兰克法案》的核心内容之一。

扩展阅读 2.3 《多德-弗兰克法案》与衍生品市场监管

围绕金融危机的起因和对策，经济学界正在经历一场新的辩论和反思，其核心就是对市场、政府和理性的重新思考。某种程度上，金融危机和经济危机也引发了经济学的危机。监管的缺失和对市场的自由放任，是金融市场有效性假说和市场万能信条在政策上的直接反映。但正如美联储前主席格林斯潘在 2008 年秋天的悲叹，"整个（经济学）理论大厦已于去年夏天倾塌"。这次大危机引发了对以新古典主义为核心的主流经济学的深刻反思：对市场原教旨主义的系统批判、对凯恩斯主义的重新认识、对理性人假设的重新理解等。可以肯定的是，包括金融监管理论在内的传统经济学和金融学已然被这次大危机冲击得千疮百孔，亟须面临一场深刻的理论变革。

世界各国尤其是西方发达国家的金融监管，伴随着金融的发展经历了长期的演变过程，而贯穿其中的金融监管理论也经历了曲折的演化。总的来说，金融监管理论是沿着

---

① 丁邦开，周仲飞. 金融监管学原理[M]. 北京：北京大学出版社，2004：15.

从自由到管制、放松管制、重新管制这一主线而演化的。这些金融监管理论虽然注意到了金融体系影响整体经济，但对金融体系或金融活动本身关注不够，这使得金融监管理论深度不够，并导致监管处于如何处理稳定与发展的两难选择境地。关于新兴市场国家和发展中国家的金融监管理论也尚不成熟。特别是 20 世纪 90 年代以来，发展中国家或新兴市场国家更有发生危机的倾向，迫切需要适合自身发展的金融监管理论作为指导。此外，经济金融全球化进程的加速，也对金融监管的国际合作提出了新的挑战，如何协调国际金融监管问题也将在金融监管理论发展中有所反映。

2.2　若干代表性理论及其在期货市场的展开

理论是实践的先导。金融监管理论为金融监管部门（广义上还包括司法和立法部门）的监管实践提供了重要的理论支持，特别在"解决什么是金融监管""为什么要进行金融监管"和"如何进行金融监管"等一系列问题上，提出了很多创新性分析思路和解决方案。金融监管理论主要源于政府管制理论。一般认为，监管与管制的语义大致相同，而出于表述习惯在不同语境中使用，都代表了一种对市场自发调解机制加以约束的制度框架。结合期货市场监管实际，本书对若干代表性的金融监管理论简要介绍如下。

2.2.1　基于市场失灵的监管有效性理论

市场是资源配置的有效机制。但市场机制也固有许多难以克服的缺陷，以致在资源配置上失灵和失效，这就是经济学中常说的市场失灵，通常表现为不完全竞争、不完善信息、负外部性、公共产品短缺、社会分配不公、宏观经济运行不稳。正是由于市场机制存在上述缺陷，需要政府"有形之手"加以纠正，表现在金融领域就需要实施金融监管。监管有效性理论主要包括金融脆弱性理论和公共利益理论。

1. 金融脆弱性理论

美国经济学家海曼·P. 明斯基于 1982 年首次提出金融不稳定假说。其主要表现为：一是商业银行的资产和负债的流动性难以匹配。二是存在信息不对称，导致存款人不可能准确监测和评估个别商业银行的财务状况，不可能把高流动性银行和低流动性银行、经营状况良好的银行和经营陷入困境的银行区别开来。所以一旦存款者对银行安全产生怀疑，就会提走资金，由此形成的银行挤兑可能蔓延到有清偿能力的银行，甚至导致整个银行体系的崩溃。三是存在个体理性与集体理性的冲突，每个人都理性行事，并不能保证加总之后的结果还是理性。在各类金融机构中，商业银行是最基本、最重要的，也是最容易引发金融危机的部门。银行业具有的这种内在不稳定性造成了银行体系的脆弱性，而银行体系的脆弱性决定了整个金融系统的脆

扩展阅读 2.4　明斯基时刻

弱性，并有可能最终酿成金融系统性风险。明斯基把金融危机很大程度上归于经济的周期性波动，但其潜在的和更重要的内涵在于表明，金融危机是与金融自身内在的特征紧密相连的，即金融的内在不稳定性使得金融本身也是金融危机产生的一个重要原因。他的理论可以较好地描述 20 世纪 30 年代的美国、80 年代末 90 年代初的日本，以及 1997 年亚洲金融危机中受害最深的泰国的情况。

需要注意的是，明斯基并不认为政府干预可以从根本上消除银行自身的脆弱性。但他及其追随者的研究，却为政府介入金融市场运行提供了正当性，即金融系统的脆弱性决定其需要政府从外部提供必要的监督管理，以维护社会公众的信心，从而维护金融安全。

目前，对金融脆弱性的研究主要集中在信贷市场。但其对期货市场也具有启发性。期货市场中同样可能存在期货公司出于利益最大化目标而增加风险性业务、参与者投机过度的非理性交易等问题，引入专业监管机构进行专门监管十分必要。

2. 公共利益理论

金融监管的公共利益理论主要来自庇古和萨缪尔森的福利经济学，在承认市场失灵的前提下，强调政府有足够的动机和能力去纠正失灵。即认为，金融监管是公共产品，是一种降低或消除市场失灵的手段。具体而言，金融监管在应对金融领域的自然垄断、负外部性和信息不对称上可以有效发挥作用。

1）适度竞争与反垄断

金融业是经营货币的特殊行业，它所提供的产品和服务的特性，决定其不完全适用一般工商企业的自由竞争原则。首先，金融业的特性决定了金融企业必须具有较大的经济规模，才能实现一定的经营效率。如果放任金融机构自由竞争，金融业很容易形成高度集中，并产生垄断。而垄断不仅会带来社会福利和效率的损失，还会造成其他经济、政治等各种不利影响。其次，市场自由竞争的结果必然是优胜劣汰，但是金融业的特性决定了任何一家金融机构都不能像一般工商企业那样随便破产倒闭，关闭金融机构必须有一定的准备和程序，否则很容易引发金融系统动荡，甚至影响社会经济的稳定运行。因此，金融业需要引入外部监管，使其保持一定程度的竞争，但又不是完全放任的自由竞争，以维持金融体系的稳定。[①]实践中，金融机构的开业审批、分支机构设立、金融机构股权变更等都是以防止金融力量集中和过度竞争为根据的。

坚持适度竞争和反垄断原则，是我国期货市场监管从深刻教训中得出的结论。市场建设初期，我国期货市场也出现了盲目发展的势头。短短几年间，各地、各部门竞相争办期货交易所或以期货交易为目标的批发市场，全国最多时共有 50 多家期货交易所、300 多家期货经营机构、50 多个期货品种上市交易。由于市场秩序混乱、风险频发、投机盛行，国务院于 1993 年和 1998 年对期货市场进行了两次清理整顿，最终仅保留上海期货交易所、郑州商品交易所、大连商品交易所三家期货交易所，并明确中国证监会作

---

① 韩汉君，等. 金融监管[M]. 上海：上海财经大学出版社，2003：22.

为国务院期货监督管理机构，对期货市场进行集中统一监管。

2）化解负外部性效应

金融系统的负外部性是指金融机构的破产倒闭及其连锁反应将通过货币信用紧缩而破坏经济增长的基础。一般而言，金融机构在选择信贷和风险积累方面存在负外部性，因为一家金融机构在经营时，追求的仅仅是自身利益的最大化，为了实现这一目标，金融机构在业务经营过程中往往会有追求高收益的倾向，而不考虑由此引发的高风险给整个金融系统带来的负面效果。

从化解期货市场负外部性出发，我国期货监管部门为防范期货公司个体风险传导形成系统性风险，于 2007 年推出期货投资者保障基金制度。期货投资者保障基金是在期货公司严重违法违规或者风险控制不力等导致保证金出现缺口，可能严重危及社会稳定和期货市场安全时，补偿投资者保证金损失的专项基金。该保障基金从来源上贯彻了风险匹配原则，即因财政状况恶化、风险控制不力等存在较高风险的期货公司，应当按照较高比例缴纳保障基金。

3）克服信息不对称和不完全

信息不对称是指信息在交易双方分布的不均衡性，即拥有信息优势一方往往占据了交易中更加有利的地位，可能对信息弱势一方的利益造成损害。金融市场的信息不对称在贷款人与商业银行、保险人与保险公司、投资者与证券公司或基金公司等金融服务中广泛存在。以保险市场为例，为什么超过 65 岁的人几乎难以以任何价格买到医疗保险？老年人得严重疾病的风险是大得多，但为什么不通过上调保险价格以匹配这种高风险呢？原因就是信息不对称。即购买保险的人对他们总体健康情况要比任何保险公司所希望知道的清楚得多。由于不健康的人更渴望通过保险实现补偿，如果可以向老年人出售保险，难免不健康的人在被保险人总数中的比例就提高了，从而迫使保险公司上调保费，而这又提高了较健康的人购买保险的门槛，他们就会选择不投保。长此以往，保险的购买者几乎都是不健康的人，这就是逆向选择。这个结果自然没有一家保险公司会赞同。这类市场失灵更显示出政府干预的重要性，即由政府提供医疗保险的方式解决 65 岁以上老年人的保险问题，从而消除逆淘汰的问题。[①]

信息不完全是指市场参与者不拥有某种经济环境下的全部知识。信息是预测未来必不可少的最基本要素，在市场参与者的理性决策中占据重要地位。但在金融市场中，参与者一般不具有完全信息。不完全信息的条件下，价格体系不再有效传递有用信息，引起市场参与者较高的信息成本，无法实现信息效率市场的均衡，造成金融市场的低效率。以银行挤兑为例，个别银行破产的信息通过信息不完全的市场被严重扭曲和放大，形成了人们的错误预期，再加上银行体系的脆弱性，使得个别银行的破产引发了多米诺骨牌效应。因此，政府有必要采取金融监管措施以减少金融系统中的信息不完全和不对称，保证金融市场的安全运行。

---

① 平狄克，鲁宾费尔德. 微观经济学[M]. 张军，译. 4 版. 北京：中国人民大学出版社，2000：536-537.

期货交易高度依赖信息决策，因此期货市场监管更加强调市场信息的公开透明：一是强制信息披露。要求期货交易所以适当方式发布市场信息，主要包括即时行情、持仓量、成交量排名情况，涉及商品实物交割的，还应当发布标准仓单数量和可用库容情况。二是禁止欺诈。相对于客户，期货公司一般是信息优势一方，因此期货监管部门特别强调不得有以下欺诈客户的行为：向客户做获利保证或者不按照规定向客户出示风险说明书的；在经纪业务中与客户约定分享利益、共担风险的；不按照规定接受客户委托或者不按照客户委托内容擅自进行期货交易的；隐瞒重要事项或者使用其他不正当手段，诱骗客户发出交易指令的；向客户提供虚假成交回报的；未将客户交易指令下达到期货交易所的；挪用客户保证金的；不按照规定在期货保证金存管银行开立保证金账户，或者违规划转客户保证金的。同时，任何单位或者个人不得编造并且传播有关期货交易的虚假信息，扰乱期货交易市场。三是打击内幕交易，防止内幕信息知情人或者非法获取期货交易内幕信息的人，利用内幕信息从事期货交易，或者向他人泄露内幕信息，使他人利用内幕信息进行期货交易。四是加强期货投资者保护。

2.2.2　基于政府失灵的管制失灵理论

尽管基于市场失灵而有必要引入金融监管加以纠正，但现实中人们很快发现政府对金融的监管在大多数情况下都是失败的。分析政府失灵的原因，主要有两个方面：一是金融监管抑制了金融创新的发展而导致金融系统运行的低效率，这与金融自由化的思想如出一辙；二是政府并不一定完全代表社会公众的利益，政府也有自己的利益取向，其目标是否在于公共利益最大化也值得怀疑。管制失灵理论主要包括政府掠夺理论、监管俘获理论、监管寻租理论、监管供求理论、监管成本理论等。

1. 政府掠夺理论

政府掠夺理论认为，任何管制和监管都是由政府推行的，都是政治家策划的。但问题是政府和政治家并非像公共利益理论所描述的那样，代表着全社会的公共利益，实际上政府和政治家的利益函数和效用函数与社会公众并不一致。政府对金融业进行监管，不完全是为了消除金融市场失灵、防止金融风险、维护金融市场秩序和提高金融效率，而是为了实现自身利益的最大化。

政府实施金融监管的利益主要体现为：一是国家垄断货币发行权，可以扩张政府可支配资源，通过增发货币对冲财政赤字；二是国家实施法定准备金制度是对存款所进行的隐性征税；三是金融管制为政府干预经济、扩张权力范围和获取"租金"创造了机会，也可以为政治家带来额外收益。

政府掠夺理论将政治纳入了金融监管的分析框架，认为金融监管的出现是为了满足各既得利益集团的需要，由此与公共利益理论形成了鲜明的对立，但借助该理论可以从动态角度把握金融监管工具和制度演变的动力机制，有利于反思金融监管的目的和效用。

2. 监管俘获理论

监管俘获理论认为，监管与公共利益无关，监管机构不过是被监管者俘获的猎物或俘虏而已。监管俘获理论认为，即使监管的出发点是好的，但随着时间的流逝，被监管者适应和熟悉监管的立法和行政程序后，监管常常为被监管的利益集团服务。即监管机构的生命循环开始于有力地保护消费者，而终止于僵化地保护生产者。监管俘获理论将监管者和被监管者的关系形象化，但最大问题在于，缺乏理性的论证和逻辑推动，因而缺乏足够的说服力。

3. 监管寻租理论

寻租活动，广义上是指人类社会中追求经济利益的非生产性活动，或者说是指那种维护既得的经济利益或者对既得利益进行再分配的非生产性活动；狭义上是现代社会中常见的非生产性追求利益行为，是利用行政法律的手段通过阻碍生产要素在不同产业之间的自由流动、自由竞争的办法来维护或攫取既得利益的行为。因为寻租活动的存在，市场竞争的公平性被破坏了，人们对市场机制的合理性和效率发生了根本怀疑。金融监管是政府管制的重要组成部分，金融监管中同样大量存在着寻租现象，如设立较高的准入门槛、限制经营范围、控制许可数量等。这些设租、寻租行为严重影响了金融业的公平竞争与市场效率。监管寻租理论对此提出了很多尖锐的批评。

4. 监管供求理论

监管供求理论主要认为，政府监管可以看作是一种产品。因为政府的强制力可以用来给特定的人或集团带来有价值的收益，因此监管可以被认为是由政府提供的，为特定的人或集团所需求的产品。它同样受供求规律支配，现行的监管安排是供求两方面力量相互作用的结果。

最早提出监管供求理论的是美国经济学家斯蒂格勒，他在《经济管制的理论》一文中对政府介入监管的目的是公共利益提出质疑。他认为：在需求方面，监管可以提供多种收益，包括直接的货币补贴、控制新竞争者进入、干

扩展阅读 2.5　后危机时代金融监管的"钟摆效应"

预替代品和补充品的生产、实行固定价格等；在供给方面，政府提供监管并非毫无成本、毫不犹豫地按照公共利益来提供产品。"在民主政治的决策过程中，谋求政治权力的产业必须去找合适的卖主，那就是政党"。政党在决定是否支持某项管制行动时，要考虑这一行动是否有助于自己的选票。

5. 监管成本理论

经济学的一个基本原则是必须考虑资源约束，即认识到实施监管需要耗费一定的资源，因此监管有可能在经济上得不偿失。一般而言，可以将监管引起的成本分为两大类：一是监管引起的直接资源成本，包括监管机构实施监管所耗费的资源与被监管者遵守监管要求而耗费的资源；二是监管引起的间接效率损失，主要指由于被监管者改变了原来

的行为方式而造成的福利损失。[①]

1）直接资源成本

直接资源成本分为由政府负担和由企业负担两部分，前者又称行政成本，监管需要由政府设立监管部门专司制定和实施有关法律制度，这一过程当然要耗费人力、物力和财力；后者又称合规成本，从被监管者来看，因遵守法律制度而付出的成本很多，如为按照规定保留财务资料、交易记录等需要雇用专人，提供安全有效的办公设施和保密服务，聘请专业律师的费用，按规定缴纳各种费用而损失的资金收益等。

2）间接效率损失

间接效率损失是指这种成本不易为人们所观察，它不表现在政府预算支出的增加上，也不表现为个人直接负担的成本加大，但是整个社会的福利水平却由于采取管制而实际降低了。要准确测量金融监管的收益比衡量其成本更难，因为：首先，稳定金融系统、保护投资者利益等监管目标增进的社会福利很难量化。其次，金融系统稳定是包括金融监管、宏观经济政策在内的多种因素综合作用的结果，难以明确在多大程度上归功

扩展阅读 2.6 美国期货市场的直接监管成本管窥

于金融监管。最后，由于道德风险和逆向选择的存在，金融监管即使发挥了关键作用，也不能多加宣扬，以免金融机构产生监管依赖而竞相择劣，导致未来可能出现更大的不确定性和不利后果。

一种可供选择的思路是进行成本有效性分析，即在无法确定某公共项目具体收益时，可以按目标的完成程度，计算它与付出成本之间的比例。如果能够同样有效地完成目标，那么成本更低的方案优于成本较高的方案。因此，可以用有效程度与成本之比的最大化替代成本收益分析下收益与成本之比最大化的目标。需要注意的是，运用该方法对金融监管进行全面评估仍然较为困难。因为金融形势的动态变化、金融业务的创新发展、金融机构的增减调整、金融交易的日趋复杂都对该方法的实际运用提出了挑战。此外，监管成本究竟包括哪些项目、如何计算也是不易解决的问题。

2.3 其他有影响力的金融监管理论

20世纪90年代以来，比较有影响力的金融监管理论还包括激励相容理论、金融中介理论等，对各国的金融监管活动都产生了重要影响。

2.3.1 激励相容理论

激励相容理论是将激励概念引入对监管的分析，并把监管问题作为最优机制设计问题来考虑。在目标不一致和信息分散化的条件下，监管者如何设计一套机制约束被监管者，实际上就是在金融监管中更多地引入市场化机制。也就是说，金融监管不能仅仅从

---

① 卫新江，等. 金融监管学[M]. 北京：中国金融出版社，2004：6-7.

监管的目标出发设置监管措施，而应参考金融机构的经营目标，将金融机构的内部管理和市场约束纳入监管的范围，引导这两种力量支持监管目标的实现。

从根本上说，激励相容理论是在反思政府与市场关系的基础上产生的。政府与市场不应该是替代关系，而是互补关系。政府监管主要作用于事后的安全处理，市场规律主要作用于事前的经营活动。格林斯潘甚至认为，激励相容的监管应当是符合、而不是违背投资学和银行经理利润最大化目标的监管。激励相容理论对以往激励不相容的监管进行了深入反思。它认为，仅仅根据监管目标、不考虑金融机构的利益和发展的监管，必然迫使金融机构付出巨大的监管服从成本，丧失开拓新市场的盈利机会，也会产生严重的道德风险。监管机构可能因为不能及时对金融市场的需求变化作出反应，而成为金融机构创新的抑制力量。目前，国际金融监管变革中，已经越来越注重激励相容，强调金融机构的商业目标与监管机构的监管目标的一致和协调。

鼓励金融创新的监管理念，实际上已体现在许多监管制度和框架中。以期货市场为例，中国证监会于 2014 年 9 月发布《关于进一步推进期货经营机构创新发展的意见》，以增强竞争能力、服务实体经济为主线，对期货经营机构创新发展重点提出了八大举措：一是大力提升服务实体经济能力，包括支持期货经营机构提供风险管理服务，进一步扩大风险管理公司业务试点，进一步丰富交易所的基础衍生品工具等内容。二是努力增强期货经营机构竞争力，包括明确期货经营机构的基本定位、支持期货公司做优做强、推进期货公司业务转型升级、加快发展期货公司资产管理业务等内容。三是适时放宽行业准入，包括支持民营资本、专业人士出资设立期货经营机构、研究实施期货业务牌照管理制度等内容。四是探索交易商制度，培育专业交易商队伍，包括探索建立以套期保值和风险管理为目的的专业交易商制度，支持金融机构、产业客户发展成为专业交易商等内容。五是逐步推进期货经营机构对外开放，包括鼓励外资参股境内期货经营机构，支持期货公司为境外机构参与境内期货市场提供交易结算服务，支持期货经营机构在境外设立、收购公司等内容。六是稳步发展场外衍生品业务，包括支持期货经营机构开展场外衍生品交易、完善统一适用于证券期货市场的场外衍生品交易主协议、加快基础设施建设等内容。七是加强投资者保护，包括完善投资者适当性制度、完善投资者投诉处理和工作机制、大力推进诚信文化建设等内容。八是加强风险防范，包括严格落实期货经营机构风险防范的主体责任、加强信息技术安全保障、进一步推进监管转型、强化行业自律等内容。

2.3.2　金融中介理论

金融中介理论认为，金融中介可以降低与金融资产交易相关的固定交易成本以及金融交易中的不对称信息和不确定性所产生的交易成本，因而得以存在。金融中介理论除继续以市场不完全性为出发点外，还更加注重金融业的独特性对金融监管的要求和影响，从而推动金融监管理论更加关注安全稳定与高效发展相协调。

金融中介理论中比较有代表性的观点是功能监管理念的发展。该观点认为，金融功能比金融机构更加稳定，金融功能优于组织结构；金融机构的形式随功能的变化而变化，即机构之间的创新和竞争最终会提高金融系统执行各项功能的效率。罗伯特·默顿和兹维·博迪认为，基于功能观念的金融系统比基于机构观念的金融系统更便于政府的监管。理由在于：一是功能观念着重于预测在未来实现中介功能的机构组织结构。有这些预测，政府就能针对机构的变化设计政策和监管方案，从而采取更具灵活性的监管方案。二是层出不穷的金融创新和新技术降低了交易成本，但也模糊了不同金融机构所提供的产品和服务之间的界限，尽管金融产品种类繁多，但从功能角度看却多有同质性，并且在长时间内是相对稳定的，因此采取功能监管的政策制定与执行更加稳定、有效。三是采取功能监管可以减少金融机构监管套利的可能性。四是功能监管体系有利于促进金融机构变革，而不必同时修改与之有关的监管政策或调整相关监管机构，但在机构监管理念下这种变动不可避免。[①]

金融中介的功能理念大大拓展了金融监管理论的视野，并在实践中引起了极大的反响。1999 年，美国通过《金融服务现代化法》取代《格拉斯–斯蒂格尔法案》，就是贯彻功能监管理念的重要体现。其核心内容就是废止有关限制银行、证券公司和保险公司三者跨界经营的条款，准许金融持股公司跨界从事金融业务，从而实现了从分业经营到混业经营的转变；实现了金融监管从一味强调安全、设立严格准入限制到推行功能监管、提倡竞争与效率的改变。事实上，功能监管理念也对我国当下的金融监管产生了重要影响。2018 年 4 月，中国人民银行、中国银保监会、中国证监会、国家外汇管理局联合印发的《关于规范金融机构资产管理业务的指导意见》，总体思路就是强调功能监管，打破行业藩篱，按照资产管理产品的类型制定统一的监管标准，对包括基金公司及子公司、证券公司、信托公司、保险公司、期货公司等诸多机构的资产管理业务作出一致性规定，实行公平的市场准入和监管，最大限度地消除监管套利空间，为资产管理业务健康发展创造良好的制度环境。

扩展阅读 2.7　资管新规的主要内容

2.4　期货市场监管的特定内涵

与银行、保险等传统金融行业相比，期货市场从产生之日起就饱受质疑，甚至一度被认为是赌博的相关形式[②]；而要想有效发挥其独特的风险管理和价格发现功能，就需要与之协调的监管理念和监管政策。因此，很大程度上，期货市场的监管理念就是在回应社会质疑的基础上，围绕维护期货市场稳定运行和促进期货市场功能发挥而形成并发展的。一般来说，主要包括以下方面。

---

① 冯科. 金融监管学[M]. 北京：北京大学出版社，2015：45-46.

② 美国《1936 年商品交易法》（CEA）通过之前，芝加哥期货交易所（CBOT）面临一系列来自政治势力对期货、期权等衍生品的抵触。一些立法议员强烈认为，期货、期权是赌博的相关形式，在 19 世纪后期就提出了相关禁止的法律，如反期权法。

2.4.1　过度投机监管

抑制过度投机是期货市场与赌场形式上的最大区别。赌场上赌博越活跃,赌场的抽成越大。而期货市场如果投机过度,特别是一些作为工业、农业生产原材料的重要大宗商品的频繁炒作,就会给实体经济运行释放错误的价格信号,引发或加剧现货行业的供求失衡。以螺纹钢期货为例,由于钢铁市场交易价格很大程度上是参考近期交割的期货价格确定的,所以一旦螺纹钢期货投机过度、价格上涨,就可能带动钢铁现货价格随之上涨。而钢铁现货价格又会传导到钢铁企业,引导其扩大钢铁产能。而一旦行情结束,投机资金可以抽身离场,但钢铁过剩产能还在,被炒高的现货价格随之下跌,又会对实体经济造成巨大伤害。正是基于期货与现货价格引导的机理,期货监管部门一直将防止市场过度投机作为重要的监管理念。

不唯中国期货市场监管如此,境外期货市场也对过度投机时刻警惕。美国《商品交易法》第 4(a)条就是过度投机监管的核心条款。该条既阐明了规制过度投机的立法目的,又对抵制过度投机的措施做了规定。关于立法目的,该条指出:"期货交易中的过度投机,会导致突发的或不合理的商品价格波动或没有根据的商品价格变化,是州际商品贸易的一种不合理和不必要的负担。"为减少、消除或阻止这种负担,该条赋予美国商品期货交易委员会通过规则、规章或命令等对投机性交易的交易量和持仓量进行限制。为了防止规避法律的行为,该条同时规定了交易量和持仓量合并计算原则,即"在判定某人是否超出上述限额时,该人直接或间接控制的任何其他人的持仓量或交易量都应纳入该人自身持仓量和交易量的计算;再者,如果两名(含)以上的人按照明示或默示的协议或谅解共同持仓或交易,则上述持仓量和交易量限额也对其适用,如同该等持仓和交易由单个人作出"。任何超出限制的投机性交易行为均构成违法。[①]

期货市场需要抑制过度投机,但也不能没有投机。正如前美联储主席格林斯潘指出:"承担风险的意愿对于自由经济的增长具有关键作用。假如储户和他们的金融中介仅仅投资于无风险资产,那么潜在的经济增长将根本不可能实现。"[②]这就决定了监管对待投机的态度不应当是打击和禁止,而应当是兴利除弊、为我所用。从功能上说,投机交易增加了期货市场的流动性,并承担了套期保值者所希望转嫁的价格风险。因为如果只有套期保值者参与期货交易,那么必须在买入套期保值者与卖出套期保值者的交易数量完全相等时,交易才能成立。而实践中这种情况是极为罕见的。因此需要大量的投机者作为套期保值者的交易对手,才能实现交易达成。因此,抑制过度投机必须与维护期货市场有效运作相结合,努力消除投机的负面性,最大限度地发挥其积极功能,使其在"看不见的手"的指引下促进社会公共利益最大化。是否有效地规制投机,是衡量期货立法是否完善、期货市场是否健全的重要标志。[③]事实上,只有当立法成功地规制投机,期

---

① 中国证券监督管理委员会. 美国商品交易法[Z]. 北京:法律出版社,2013:137.

② Chicago Board of Trade. Commodity trading manual[M]. Chicago and London:AMACOM,1997.

③ 温观音. 论法律对期货市场投机的态度及其规制[J]. 湖北大学学报(哲学社会科学版),2009,36(4):62.

货市场才与赌博或者类似赌博的纯投机衍生品[①]、网络二元期权[②]等划清了界限，现代期货市场的正当性才得以确立。

2.4.2 市场操纵监管

境外市场上，一般将内幕交易、非法披露内幕信息和市场操纵行为统称为市场滥用。我国《期货交易管理条例》也明确规定，禁止欺诈、内幕交易和操纵期货交易价格等违法行为。但与其他违法行为相比，操纵市场因其危害性强、涉及面广，一直被视为期货市场监管的重中之重。

1. 为什么要反操纵

一直以来，理论界、实务界都对期货市场操纵问题非常关注，一些经济学家和法学家对市场操纵的性质也作出了很多评价。如根据"妨碍原则"，将其视为"扎空"和"挤压"；或认为欺诈是构成操纵的要素；或认为操纵行为的本质是不经济、不合理的行为；或认为操纵行为的本质是取得卖空的优势地位。本书认为，期货市场操纵的违法性主要在于：操纵行为形成的人为价格干扰了正常的市场定价，从而给现货市场传导了错误的信号，甚至导致现货市场供求信息紊乱，造成对实体经济的伤害。同时，市场操纵还对其他市场参与者造成了损害，侵害了其他投资者的合法权益。

正如《商品期货交易及其监管历史》一书的作者马卡姆所说，"一部期货市场发展史，就是监管者与操纵者的博弈史"[③]。美国期货市场发展的一个半世纪里，从"小麦大王"到系列鸡蛋操纵案，从农业部农产品交易监管局（CEA）到商品期货交易委员会，从《反逼仓条例》到《商品交易法》，从行业自治、自律管理到行政监管，操纵与反操纵斗争、磨合、修正、协调贯穿了整个发展历程。我国期货市场发展过程中，也先后经历了粳米风波、海南棕榈油事件、国债"327"事件、苏州红小豆风波、胶合板9607事件、广联豆粕事件、海南咖啡事件、硬麦309事件等诸多风险事件，其背后无不萦绕着市场操纵的阴影。近年来，随着期货市场的创新发展，操纵行为方式也不断翻新，特别是2015年6月股票市场异常波动以来更呈现出利用高频交易操纵、跨市场操纵、跨境操纵等新型特征，需要结合当前的法制环境及政策背景，针对"社会现实问题提出对策"，实现法律与社会转变中的"回应性"。[④]

2. 操纵行为的认定标准

作为判例法国家，美国早期对操纵行为的认定以 CFTC 的行政处罚判例和法院的司法判例为主。即使《商品交易法》出台后，判例法仍然发挥着重要作用，成为对反操纵

---

① 林奇. 美国的次优选择：对纯投机衍生品的适度监管[J]. 李铭，余治志，译. 证券法苑，2018，24(1)：342.

② 万国华，李铭. 我国二元期权交易的法律规制路径研究[J]. 金融监管研究，2017（1）：34.

③ 马卡姆. 商品期货交易及其监管历史[M]. 大连商品交易所，译. 北京：中国财政经济出版社，2009：1.

④ 诺内特，赛尔兹尼克. 转变中法律与社会：迈向回应型法[M]. 张志铭，译. 北京：中国政法大学出版社，2002：Ⅱ.

条款进行解释和补充的重要来源。通过判例法不仅明确了操纵的定义和类型，还明确了认定操纵行为的四个构成要件，即操纵能力、特定故意、人为价格和因果关系。CFTC还在 COX 一案中首次明确利用上述四要件认定操纵行为。第七巡回法院则在 Frey v.CFTC 案件中直接适用 COX 案中确定的四要件认定操纵行为。之后，该四要件认定标准在期货市场操纵案件中被 CFTC 和法院普遍使用。晚近的一些期货市场操纵案例中主要侧重于对是否存在人为价格的讨论。如将其定义为历史上不寻常的价格，或将其定义为导致与预期价格存在较大偏差的市场价格，以及不反映基本的或合法的供求力量的价格（即经济学上的一种非均衡价格）。而市场操纵就反映在人为价格的基础上。

同时，美国《商品交易法》也将阻止价格操纵及其他扰乱市场完整性的行为作为重要的立法目的。该法第 6（c）条、第 6（d）条、第 9（a）2 条和第 4c（a）条对交易所和衍生品交易执行机构等登记实体以外的人的操纵行为予以严格禁止。

第 6（c）条规定，只要 CFTC 有理由相信任何人（登记实体之外的人）正在操纵或者企图操纵，或者已经操纵，或者曾经企图操纵属于州际贸易或者依任何登记实体的规则为了未来交割的任何商品的市场价格的，均属违法行为。CFTC 可以对其采取限制交易、中止或撤销注册资格、民事罚款或赔偿客户损失等处罚措施。美国《多德-弗兰克法案》强化了 CFTC 对期货市场操纵行为监管权的同时，实质性地修改了《商品交易法》第 6（c）条，并规定在 CFTC 根据《金融改革法案》制定反操纵实施细则后生效。第 6（c）1 条宽泛地禁止欺诈型操纵行为，规定任何人直接或者间接地在与掉期、州际商品、期货合约等交易有关的环节，使用或者企图使用具有操纵性或者欺诈性的手段或者诡计的行为均属非法；授权 CFTC 在《金融改革法案》颁布 1 年之内制定相关实施细则，规定交易者必须向其他交易者全面披露与交易有关的非公开信息，从而保证其他交易者不受误导。此外，该法还在第 6（c）1（A）条中规定了"基于提交虚假报告的操纵行为"的特别认定规则：行为人明知相关信息系虚假、误导性、不准确的报告，或者不计后果地漠视相关信息属于虚假、误导性、不准确的报告，仍然在电子邮件或者州际贸易中，通过欺诈手段传递或者促成传递此类虚假信息，实质影响或者倾向于影响州际贸易中的商品价格的，应属市场操纵行为。并将其主观状态由"故意"扩大到了"不计后果地漠视"。同时，为防止因主观要件标准放宽导致打击范围不当扩大，对于因善意的错误传播虚假信息的，专门设置了"安全港规则"，规定其不构成操纵行为。第 6（c）2 条规定："任何人知道或者应当知道是虚假的或者误导性的信息，仍然向 CFTC 报告某一重大事项的虚假或者误导性的信息，包括根据本法向 CFTC 提交的任何申请材料或者报告，或者是关于掉期、州际贸易中的商品期货合约或者期货交易的信息，或者是遗漏必须披露的重大事项的，均属违法行为。"第 6（c）3 条为兜底性条款，规定了"其他操纵行为"，即"任何人直接或者间接地操纵或者企图操纵掉期、州际商品、期货合约等市场价格的，均属于违法行为"。

第 6（d）条规定，任何人（登记实体之外的人）正在操纵或者企图操纵，或者已经操纵，或者曾经企图操纵属于州际贸易或者依任何登记实体的规则为了未来交割的任何商品的市场价格……委员会可以发布禁止令，命令行为人停止违法行为。若在规定时间内未停止违法行为，将针对每一项违法行为，给予行为人不超过 10 万美元或 3 倍于违法行为所得的民事罚款，或判处至少 6 个月、最多 1 年的监禁。

第 9（a）2 条规定，任何人操纵或者企图操纵州际贸易中的商品价格，或者依据登记实体的规则交易的商品的价格，或者囤积或者企图囤积该商品，或者故意通过邮件或在州际贸易中通过传真、电话、无线电通信设备或者其他通信手段，提供或者致使提供虚假或者误导性的报告，或者故意报告不精确的影响或者趋于影响州际贸易中商品价格的市场信息……均构成重罪。将被单独或者并处 100 万美元以下的罚款或者不超过 10 年的监禁，并承担案件诉讼费用。

第 4c（a）条规定，禁止任何人从事洗售交易（wash sales）、配合交易（accommodation trade）、虚假交易（fictitious sales）以及造成不真实的价格被报道、登记和记录的行为。

扩展阅读 2.8　欧盟的反操纵立法

《金融改革法案》颁布后，又在第 4c（a）条增加了关于破坏性行为的禁止性规定（disruptive practice），如违反买卖报价规则（violating bids and offers）、做尾盘（making the close）和虚假申报（spoofing）。

此外，欧盟、日本、英国、新加坡、韩国等金融市场立法也将反操纵作为重要内容，具体规定其主要特征、监管措施及法律责任。

3. 市场操纵的主要类型

一是力量型操纵，是指利用对现货的支配性地位以及在期货市场上的持仓优势，扭曲期货价格的行为。市场力量型操纵是期货市场上最常见的操纵行为类型，行话叫作逼仓，具体表现为"多逼空"和"空逼多"两种形式，而尤以前者更为常见。即操纵者通过控制或者支配可供交割的现货商品，迫使空头（多头）接受其任意设定更高或更低的价格平仓，以履行其合约义务的行为。期货市场早期这样的案件不胜枚举。近年来的代表性案例，包括 2011 年 5 月 24 日 CFTC 针对美国帕尔农能源公司、英国阿卡迪亚石油公司和瑞士阿卡迪亚能源公司及两名交易员向法院提起民事诉讼，指控上述被告在 2007 年年底至 2008 年 4 月期间，购入数以百万桶计的原油现货，以控制供应紧张的西得克萨中间基原油，在推升油价后，向市场投放囤积的原油，令油价急挫，被告则因提前在期货市场建立大量空头头寸而获利 5 000 万美元。

二是交易型操纵，是指直接通过期货合约的买卖行为影响期货交易价格。具体而言，交易型操纵又可以细分为真实交易型操纵和虚假交易型操纵。

所谓真实交易型，就是指找一批人相互倒手，"众人拾柴火焰高"，拉高出货，这一点和操纵单只股票类似。比如陶旸、傅湘南操纵"胶合板 1502"期货合约价格案中，就多次在交易尾盘阶段通过连续交易或相互交易，拉抬"胶合板 1502"合约收盘价，尤其在 2014 年 12 月 19 日、23 日至 26 日等 5 个交易日最为突出。2014 年 12 月 19 日，从 14:54:47 开始，"欧浦钢网"期货账户、"佛山指日"期货账户与"筑欣实业""蔡某列""刘某""乐某武"及四个基金产品特殊法人期货账户组通过相互交易将合约价格从113.1 元/张拉升至 117.3 元/张。12 月 23 日，从 14:59:14 开始，"欧浦钢网"期货账户、"佛山指日"期货账户通过连续买入平仓导致合约价格上涨至当日最高价 124.4 元/张。12 月 24 日，从 14:59:25 开始，"欧浦钢网"期货账户、"佛山指日"期货账户进行买入平仓，导致合约价格持续上涨至 125.7 元/张。12 月 25 日，从 14:49:52 开始至收盘，"欧浦钢网"期货账户、"佛山指日"期货账户连续进行买入开仓的操作，导致合约价格从126.25 元/张上涨至 127 元/张。12 月 26 日，从 14:59:14 开始，傅湘南进行连续买入开仓交易 500 手，合约价格最高上涨至 129.5 元/张。

而所谓虚假交易型，就是指不以实际成交为目的而进行自买自卖、频繁或大额报撤单等影响期货交易价格的行为。早期的虚假交易都是人为操作，突出表现为洗售交易，行为人在交易中既做卖方又做买方，形式上买进卖出，实际上交易完成后相关账户中期货合约的实质权益并未发生变化。后来伴随着电子化、程序化交易系统的迅猛发展，操纵者利用高频交易通过频繁、大额报撤单误导、引诱其他交易者参与交易，从而制造不合理价格或价格趋势的行为大量增加，突出表现为幌骗交易。其常见手法是先频繁大量进行报单引诱，然后迅速撤单，形成价格趋势，而后以低价成交获取价差。近年来，境内外涉嫌利用高频交易操纵期货市场的案件主要有：①2015 年 4 月 21 日，引发"5.6"闪电崩盘而被诉的高频交易员萨劳被英国执法部门拘捕，并被指控涉嫌利用大笔高额下单交易操纵指数期货；②2015 年 11 月 1 日，上海伊世顿公司涉嫌利用高频交易操纵金融期货市场犯罪，被立案侦查；③2015 年 11 月 3 日，美国伊利诺伊北区法院一审判定柯西亚通过高频交易程序进行幌骗交易，构成操纵市场罪；等等。需要说明的是，高频交易不等于市场操纵，客观上它更多地体现为一种工具价值，有学术研究认为它在促进市场流动性方面能发挥很好的作用。但如果其被滥用，成为操纵者的道具，则应当受到法律的惩处。

三是信息型操纵，是指掌握信息优势的一方（比如证券市场的上市公司），发布对市场价格具有影响的信息，影响交易价格的一种操纵行为。期货市场上，信息是市场参与者进行期货交易的重要参考依据，通过散布各种与价格变动相关的信息，可能影响市场参与者的交易决策，进而影响期货交易价格。期货市场信息型操纵与信息密切相关，操纵者可以凭借其在信息方面的优势或者"话语权"，发布对市场价格具有影响的信息，影响期货合约交易价格或者期货交易量，扰乱期货市场正常秩序。比较常见的就是蛊惑交易，即操纵方散布不真实、不准确、不完整或者不确定的相关数据、预测或者政策传闻，导致投资者由于受到误导而进行交易。一些网络"大 V"自己发布一些所谓的现货调研信息（比如苹果受灾啦、油田减产），利用自己的网络影响力，制造期货行情，影响价格走势。这些"大 V"自己有持仓，同时还进行反向交易，就是在忽悠其他投资者。这在股市也被称为"黑嘴"，在期货市场也是一样，都是违法的。

四是跨市场操纵，特别是金融期货的跨市场操纵。随着金融衍生品创新步伐明显加快，现已上市股指期货、国债期货、ETF 期权等多个金融期货品种。鉴于金融市场上期货与现货之间的联动性、相关性越来越紧密，操纵行为也不再局限于期货市场，而形成与股票、国债等现货市场的风险传递和跨市场联动操纵。比较典型的就是，1998 年亚洲金融危机索罗斯操纵香港地区股、汇、债、期市的案例。而境内沪深 300 股指期货上市后，市场上也存在可能发生跨股票与股指期货市场操纵的担心。有人还专门画出了可能的路线图。

正是在对期货市场操纵行为的危害性、认定标准及主要特征等不断加深认识的基础上，期货监管者致力于完善反操纵规制的宏观框架安排和微观协调机制，防范和打击各类市场操纵行为，维护期货市场稳定运行，并打造交易者值得信赖的市场，从而为更好地发挥期货市场风险管理和价格发现功能奠定了基础。

2.4.3　市场监管服务市场建设

市场监管服务市场建设的监管理念植根于激励相容理论，但二者的重要区别在于：激励相容理论的视角是在金融机构与监管机构之间展开的，而监管服务市场建设的视角是将全市场视为一个主体，由此展开与监管机构之间的互动关系，后者视野更开阔。也就是说，期货市场监管目标不在于关注个体金融机构的盈利情况，甚至不在于期货行业的经营业绩，而更关注于整个期货市场运行的安全和效率。我们认为，市场监管服务市场建设的理念重在强调：①有效监管原则，即市场监管的目的在于维护市场稳定运行、促进市场功能发挥；②适度监管原则，即市场监管的范围和程度必须服从于市场建设的需要。

1. 有效监管原则

近年来，管理即服务的理念已逐步深入人心。期货市场同样寓监管于服务，不过这里的"服务"并非对某个金融机构而言，而在于维护整个期货市场稳定运行、促进市场功能有效发挥和保护参与者合法权益。

维护期货市场稳定运行是市场监管的首要任务。期货市场作为一个风险性和投机性很强的市场，必须有严格的制度和措施，注重监测监控，防范和化解市场风险。在我国期货市场发展初期，由于法制建设的滞后，行政监管因缺乏法制依据而难以到位；期货交易所缺乏必要的、统一的风险控制措施和监管手段，很难做到有效的自律管理；一些期货公司内部管理松懈甚至混乱，忽视了对客户的管理责任，市场操纵等违法行为时有发生，导致我国期货市场一度涌现大量风险，严重影响了期货市场的功能发挥。国内外经验一再表明，强化期货监管对维护期货市场稳定运行至关重要。

促进期货市场功能发挥是市场监管的重要内容。期货市场套期保值和发现价格两大基本功能价值能否得到较好的发挥，不单单是关系到期货市场的兴衰成败，更影响到国家宏观经济运行的质量和效率。目前，国内很多企业都在利用期货市场进行套期保值，防止价格不利波动对自身生产经营造成影响。随着期货品种日益丰富，现货企业介入期货市场的程度也与日俱增。同时，期货价格往往能领先于现货价格反映出产业经济运行情况。原油等国际大宗商品已从传统的生产商、贸易商主导定价转为期货主导定价。立足国家金融安全与发展大局，在维护市场稳定运行的基础上，期货监管部门还有责任不断提高市场运行效率，促进风险管理和价格发现功能有效发挥，更好服务实体经济发展。

保护市场参与者，特别是中小投资者的合法权益是市场监管的核心任务。包括中小投资者在内的各市场参与者是期货市场兴旺发达的基础，也是期货市场服务的对象。没有大量投资者的积极参与，就不会形成有代表性的期货价格，根本上说也不会形成有价值的期货市场。只有真正保护投资者的合法权益，才能给投资者以信任和信心，期货市场也才能长期存在和健康发展。中国证监会采取实际控制账户认定、持仓限额和大户持仓报告、打击操纵期货交易价格和交易量等严格监管措施的主要目的之一就是切实保护期货投资者的合法权益。

2. 适度监管原则

所谓"适度"应依一国经济水平、所处时代、国际环境而定。具体而言，市场失灵作为政府干预的依据，既决定政府干预的目的（弥补市场缺陷），也界定政府干预的范围（存在市场缺陷的领域），还限定政府干预的程度（以不削弱市场资源配置的作用为限）[①]。一方面，"没有适度的政府介入，滥用契约自由和滥用理性的行为就会破坏市场交易和竞争秩序"[②]；另一方面，国家对社会经济生活的干预也是有限度的，不能出于自身利益无限度干预，而是要从国家利益、社会利益的角度出发适度干预经济运行[③]。

期货市场的存在价值即在于帮助市场参与者实现价格发现与风险管理需求，而操纵行为可能导致价格大幅波动，从根本上扭曲了期货市场的价格信号以及现货生产贸易部门的风险管理需求。如不通过政府"有形之手"施加调控，放任其"野蛮生长"，就极易由于其自身交易特点（如保证金交易、T+0 机制）诱发过度投机、市场操纵及突发的、非理性的价格波动，不仅市场主体利益受损，期货市场的价值、功能也将不复存在，对此社会上时有"赌场论"[④]、"取消论"[⑤]的舆论发声。因此，国家干预的意义就在于克服市场自身带来的混乱与无序，通过监管提供一个公平竞争的平台；而适度干预的意义则在于这种监管安排必须以促进期货市场的价格发现和风险管理为前提，在防止市场操纵、欺诈、滥用、保护市场参与者等义务外，还负有促进市场创新和维护交易所、其他市场参与者之间公平竞争的使命[⑥]，并确保在加强监管与促进发展的平衡上，"药方不会比疾病更加沉重"，这一点在重要大宗商品的定价权之争上体现得尤其明显。

---

① 王全兴. 经济法基础理论专题研究[M]. 北京：中国检察出版社，2002：84.

② 李曙光. 转型法律学：市场经济的法律解释[M]. 北京：中国政法大学出版社，2004：40.

③ 万国华. 经济法学[M]. 北京：清华大学出版社，2012：22.

④ 美国参议员卡珀认为，芝加哥期货交易所是"聚赌的地狱""世界最大的赌场"，"蒙特卡洛和哈瓦那的赌场都无法与之相比"。参见 U S Congress，Senate，Congressional Record，67th Cong.，1st Sess，August 9，1921，p4763.

⑤ 刘姝威认为，股指期货交易成为恶意操纵中国股票市场的武器，就好比精英们手持"尖端武器"屠杀身无寸铁的散户，那些由数学家、心理学家、统计学家组成的"精英团队"会利用股指期货让股市崩盘。参见 http://money.sohu.com/20150825/n419669276.shtml，2016 年 8 月 22 日访问.

⑥ 姜洋. 国际期货监管经验与借鉴：境外期货监管研讨会演讲集[C]. 北京：中国财政经济出版社，2011：22.

从 20 世纪 70 年代开始，美国通过推出外汇期货、推动美元与石油挂钩，并大力发展原油期货市场、完善农产品期货市场、鼓励场外金融衍生品创新等，牢牢控制着基础能源、重要农产品和美元货币的主导权，一旦受到挑战和威胁就出手干预。即使在 2008 年国际金融危机后，美国舆论对衍生品市场提出指责，要求对其严格监管的时候，时任财政部长盖特纳仍表示，监管改革不应损害美国衍生品市场的竞争力。他公开宣称，监管改革如果导致出现美国金融影响力向世界其他地方转移的倾向，美国就要不惜放松监管，扭转这种倾向，以巩固美国的金融竞争力。[①]受益于这种适度监管的制度红利，美国已经成为原油、黄金等重要大宗商品的全球定价中心，美国衍生品的市场规模、国际影响比其他国家都要大得多。而反观日本，由于其监管规定严苛且相互割裂，交易成本过高，抑制了投资者参与市场的积极性，而短缺的流动性使价格发现和套期保值功能发挥受到极大影响，最终导致日本商品期货市场陷入"失落的十年"。[②]

2020 年 11 月，习近平总书记在浦东开发开放 30 周年庆祝大会上指出，要完善金融市场体系、产品体系、机构体系、基础设施体系，建设国际金融资产交易平台，提升重要大宗商品的价格影响力，更好服务和引领实体经济发展。由此更启示我们，在期货市场监管中，要把监管的力度与开放的速度、国际影响力的程度加以统筹考虑，善于因势利导，通过适度监管推动对外开放，逐步形成我国期货市场上重要大宗商品定价影响力。

本 章 习 题

1. 简述金融自由化理论的主要内容。
2. 期货市场监管强调市场信息的公开透明的措施有哪些？
3. 简述激励相容理论及其在期货市场监管上的运用。
4. 如何看待期货市场投机交易？
5. 简述期货市场有效监管原则。

新疆棉花"暗战"：中国凭实力拿到的定价权，美国想夺走

---

① 姜洋. 发现价格：期货和金融衍生品[M]. 北京：中信出版社，2018：348.

② 姜洋. 发现价格：期货和金融衍生品[M]. 北京：中信出版社，2018：352.

第 3 章

期货市场法律关系

【本章学习目标】

1. 理解我国期货市场的民事法律关系；
2. 理解我国期货市场的行政法律关系；
3. 理解我国期货市场的刑事法律关系。

最高人民检察院驻中国证监会检察室揭牌成立

2021年9月18日，最高人民检察院驻中国证券监督管理委员会检察室（以下简称"驻会检察室"）揭牌成立。最高人民检察院检察长张军、中国证监会主席易会满共同为驻会检察室揭牌，并在揭牌仪式上致辞。

张军检察长指出，社会主义市场经济是法治经济。设立驻会检察室，是最高人民检察院与中国证监会合力落实中共中央办公厅、国务院办公厅《关于依法从严打击证券违法活动的意见》"探索在中国证监会建立派驻检察的工作机制"要求，完善证券案件检察体制机制，促进资本市场法治化建设的开拓之举，也是落实《中共中央关于加强新时代检察机关法律监督工作的意见》，充分发挥检察职能作用，对各类市场主体予以同等司法保护的务实举措，有利于促推依法从严监管，促进夯实资本市场法治基石。驻会检察室有与监管、金融专业人员沟通的便利，有利于充分发挥"驻"的优势，紧密结合监督办案，协助把脉分析公司治理、行业管理等方面的倾向性问题和管理漏洞，通过制发检察建议、及时发布典型案例等溯源治理举措，促进"办理一案、治理一片"，把标本兼治的工作做深做实做细。

易会满主席表示，派驻检察工作机制的成功落地，充分体现了最高人民检察院坚决高效落实中央决策部署的政治站位，以及对资本市场执法司法工作的高度重视和大力支持。设立驻会检察室，有利于推动全面提升资本市场执法司法水平，有利于实现行政执法与刑事司法高效衔接、增强打击证券违法犯罪的合力，有利于加强证券执法司法队伍专业化建设，意义重大，影响深远。当前，资本市场正迈入高质量发展的新阶段，证监会将深入学习贯彻习近平新时代中国特色社会主义思想和习近平法治思想，加强与最高人民检察院的工作协同，健全市场法治和基础制度建设，完善资本市场执法司法体系，不断推进资本市场治理体系和治理能力现代化，共同维护好"三公"市场秩序，保护投资者合法权益。

探索在中国证监会建立派驻检察的工作机制，是中办、国办联合印发的《关于依法从严打击证券违法活动的意见》所明确的一项重要任务。证监会将与最高人民检察院以及最高人民法院、公安部等保持密切协同，积极推进依法从严打击证券违法活动各项工作，加快健全证券执法司法体制机制，加大对重大违法案件的查处惩治力度，推动形成崇法守信的良好市场生态，为建设规范、透明、开放、有活力、有韧性的资本市场提供更加坚实的法治保障。

期货市场法律法规内容丰富、规则众多，涉及市场建设的方方面面，但围绕期货交易这一核心业务，主要体现为两大类别的基本法律关系。一是横向上，调整平等主体之间的民商事法律关系，主要是期货公司与客户之间的行纪关系、期货公司或客户与居间人之间的居间关系、期货公司与期货交易所之间的"会员–团体"关系。二是纵向上，调整不平等主体之间的行政法律关系和刑事法律关系，特别是中国证监会作为行政主体与各市场参与主体之间的行政监管关系，以及市场参与主体作为行政相对人与中国证监会之间的行政救济关系。

3.1　期货市场的民事法律关系

期货市场的民事法律关系主要包括期货公司与客户之间的行纪关系、期货公司或客户与期货居间人之间的居间关系、期货公司与期货交易所之间的"会员–团体"关系等。

3.1.1　期货公司与客户之间的行纪关系

出于防范市场风险的考虑，期货市场发展之初，参与期货交易的只能是期货交易所会员。在境外，这些会员又称"场内会员"，包括期货自营商、代客交易的期货经纪商以及经特许可以直接入场交易的现货企业等。这些期货自营商、期货经纪商或现货企业往往信誉较好、资本充沛，能够承担期货市场价格波动的风险，出现违约的可能性较小，因而得到期货交易所的信赖，拥有直接入场交易的权利。而其他期货投资者要参与期货交易，只能作为客户委托期货经纪商入场交易，并由后者代为结算资金。由此，就构成了期货投资者与期货经纪商（即期货公司）之间的行纪关系。《条例》规定，期货公司从事经纪业务，接受客户委托，以自己的名义为客户进行期货交易，交易结果由客户承担。在行纪关系中，期货投资者作为客户，与期货公司签订期货经纪合同，委托期货公司进行期货交易；期货公司作为行纪人，必须按照客户委托下达交易指令，不得未经客户委托或者未按客户委托内容，擅自进行期货交易。

首先，需要解释一下"行纪"和"经纪"语义。经纪主要用以描述一种业务类型，即以收取佣金为目的，为促成他人交易而从事居间、行纪或者代理等经纪业务。常见的如演艺经纪人、房产经纪人等。在商业目的上，期货公司与演艺经纪人、房产经纪人一样，都是通过提供介绍业务、提供信息等服务，以获取客户佣金。20世纪90年代，我国期货公司发展一度较为混乱。经清理整顿后，规定期货公司只能从事经纪业务，其收入来源也主要是收取客户佣金，因此当时被称为"期货经纪公司"。时至今日，期货公司已经可以从事期货投资咨询、资产管理等多元化业务，但经纪业务仍是大部分期货公司的主要收入来源。因此，就期货公司从事的业务性质而言，常用"经纪"一词表述。行纪则主要用以描述一种法律关系，即行纪人以自己的名义为委托人从事贸易活动，而委托人向行纪人支付报酬。行纪与代理、居间同属中介行为，但三者的主要区别在于：一是名义不同。行纪和居间一般都是以自己的名义对外进行活动，而代理则是以委托人的名义进行活动。二是法律后果不同。行纪是行纪人在接受委托人的委托后，以自己的名义与第三方进行交易，活动中的权利和义务归行纪人自己；代理是代理人以被代理人的名义进行活动，活动中产生的权利和义务归被代理人；居间则是居间人为交易双方提供交易机会及条件，在交易中起撮合成交的作用，因而交易活动中的权利和义务归交易双方当事人。三是与委托者的关系不同。行纪人和代理人在一定时间内都与当事人有着较为固定的关系，委托人在与行纪人、代理人签订合同后，一般就不再与第三者发生直接关系；而居间人与委托人通常没有固定的关系，业务也多是一事一议，委托人也可以同时与第三者发生业务关系。

在行纪关系中，期货公司的权利主要有：①佣金请求权，期货公司在为客户进行期货交易后，有权向客户收取一定的报酬；②强制平仓权，当客户交易保证金不足以使交易风险控制达到约定条件时，期货公司在通知客户追加保证金、客户不能按时追加保证金的情况下，有权对客户的部分或者全部持仓强行平仓，直到客户保证金余额能够达到期货经纪合同约定的风险控制条件为止；③请求客户承受期货交易结果的权利；④留置权，在客户不履行给付佣金、其他费用和亏损时，期货公司作为债权人，有权从管理客户账户存款中扣除上述款项。期货公司的义务主要有：①执行客户的交易指令，这是其最主要的义务；②对客户的报告义务，主要是向客户报告自身情况、风险揭示和交易结果等；③交付及转移交易结果的义务；④管理账户的义务。

客户的权利主要有：①自主下达交易指令；②收益请求权；③拒绝权和追认权，客户对期货公司进行的超过授权范围的交易行为后果有权拒绝接受而不承担任何法律责任，或者予以追认而承担由此产生的法律责任；④知情权，客户有权向其委托的期货公司了解所下达的交易指令的执行情况；⑤账户资金的支取权；⑥要求解除期货经纪合同的权利；⑦交易凭证索取权等。客户的义务主要有：①支付佣金；②及时交纳、追加交易保证金；③承担其委托交易的法律后果；④支付其他费用等。

3.1.2　期货公司或客户与期货居间人之间的居间关系

期货居间人，是指为期货公司招揽客户、促成期货经纪合同订立，并为客户提供决策参考，代客户传递交易指令，但不与期货公司签订聘用合同的个人或单位。最高人民法院《最高人民法院关于审理期货纠纷案件若干问题的规定》中规定，公民、法人受期货公司或者客户的委托，作为居间人为其提供订约的机会或者订立期货经纪合同的中介服务的，期货公司或者客户应当按照约定向居间人支付报酬。居间人应当独立承担基于居间经纪关系所产生的民事责任。

实践中，期货居间人主要按自己提供服务的质量和数量取得相应报酬，但多以交易量所带来的佣金收入为主。因期货居间人不属于期货公司正式员工，没有工资、社会保险及相关福利，也不属于期货从业人员范畴，不受期货从业人员行为规范的约束。其作为客户的授权人，根据授权程度不同，实践中甚至有期货居间人代替客户下单、签单或者资金调拨，并与客户协议获利分成或劳务分红。期货居间人的义务主要有：①为期货公司或客户提供订约的机会或者订立期货经纪合同的中介服务；②将双方当事人的真实情况、订立期货经纪合同的有关事项等向双方当事人如实报告，不得隐瞒。期货公司的权利主要有：①选任期货居间人；②明确其职权范围，确定其报酬标准。期货公司的义务主要有：①制定合理的收入分配及报酬制度；②保障期货居间人的合法权益。

期货居间人在现实中大量存在且长期从业，但由于现有法律法规不完善，他们在期货市场中的法律地位和法律责任尚不清晰。从自律管理着手，中国期货业协会于 2021 年 9 月发布《期货公司居间人管理办法（试行）》，对居间人定义、要求、管理模式等方面做了更为详细的规定。主要内容包括以下几方面。

一是明确居间人的定义。居间人是指受期货公司委托，为期货公司提供订立期货经纪合同的中介服务，独立承担基于中介服务所产生的民事责任，期货公司按照约定向其支付报酬的机构及自然人。

二是规定居间人的合作条件。一方面是机构合作条件，期货公司应当与经有关金融监管部门批准设立的证券公司等金融机构开展居间合作。证券公司为期货公司提供中间介绍业务，按照《证券公司为期货公司提供中间介绍业务试行办法》执行。另一方面是自然人合作条件，要求居间人年满 18 周岁，具有完全民事行为能力；品行端正，具有良好的职业道德；承诺遵守法律法规及该办法等的规定；取得期货从业人员资格考试成绩合格证；已完成中国期货业协会要求的培训课程以及中国期货业协会规定的其他条件。同时，要求居间人可同时与不超过三家期货公司签订居间合同。此外，有违规违法记录、受到行政处罚、具有利益冲突的相关责任人不能成为期货公司居间人。

三是明确居间人的合作范围。居间人的合作范围：向期货公司介绍投资者，并促成投资者与期货公司签订期货经纪合同；向投资者介绍期货公司的基本情况；向投资者介绍期货投资的基本常识，包括但不限于开户、交易、追加保证金、强行平仓、资金存取等；向投资者介绍与期货投资有关的法律法规、部门规章、自律规则和期货公司的有关规定；向投资者传递由期货公司统一提供的公司宣传推介材料；中国期货业协会认定的其他活动。

四是明确居间合同的必备条款。规定期货公司应当与居间人签订书面居间合同。居间合同的内容应当包括但不限于当事人主要权利义务、报酬计算方式及计提比例、报酬划拨信息、违约责任、合同有效期等必备条款。居间合同中应当约定居间人在成功促成投资者与期货公司签订期货经纪合同后，享有获得居间报酬的权利，并明确计算方式及支付方式。期货公司不得向未按规定进行信息登记的居间人支付居间报酬，不得超额或者变相向居间人支付居间报酬。期货公司应当按照规定为居间人代为开具发票并代扣代缴相关税费。期货公司应当从居间报酬中按照一定比例提取风险准备金，同时要求居间合同有效期不能超过 12 个月。

3.1.3 期货公司与期货交易所之间的"会员—团体"关系

期货公司作为期货交易所会员，由此构成了与期货交易所的"会员—团体"关系。期货交易所的权利主要有：①对会员的自律管理权；②制定并实施期货交易所业务规则；③对期货市场异常情况紧急处置权；④向会员收取会员资格费用等。期货交易所的义务主要有：①为会员提供交易席位、设施和信息服务；②执行交易规则；③防止破坏期货市场的行为；④帮助交割；⑤保证期货合约履行等。

期货公司的权利主要有：①出席会员代表大会，并行使选举权、被选举权和表决权；②按照期货交易所章程和交易规则行使申诉权；③合法进行期货交易，使用期货交易所各项交易设施，获取有关期货市场信息；④转让会员资格的权利；⑤按照有关规定办理手续后，享有退出期货交易所的自由；⑥提议召开临时会员大会的权利等。期货公司的义务主要有：①遵守期货交易所章程、业务规则等；②按照期货交易所规定按时交纳会费；③执行会员大会的决议；④接受期货交易所自律管理等。

3.2 期货市场的行政法律关系

期货市场的行政法律关系主要包括中国证监会与市场参与主体之间的行政监管关系，以及市场参与主体与中国证监会之间的行政救济关系。

3.2.1 中国证监会与市场参与主体之间的行政监管关系

行政监管关系是行政主体在行使职权过程中与行政相对人发生的各种关系。所谓行政主体，是指能以自己名义行使国家行政职权或社会公权力，作出影响公民、法人和其他组织权利义务的行政行为，并能由其本身对外承担行政法律责任，在行政诉讼中通常能作为被告应诉的行政机关和法律、法规授权的组织以及社会公权力组织。所谓行政相对人，是指行政主体行政行为所涉及的对象，即其权利义务受到行政主体行政行为影响的公民、法人和其他组织。就期货市场而言，中国证监会根据《条例》授权，依法从事期货市场监督管理，是期货市场的行政主体。而期货交易所、期货公司、投资者等作为行政相对人，应当依法接受中国证监会的监督管理。当其认为中国证监会及其派出机构的具体行政行为侵犯其合法权益时，有权申请行政复议，或向人民法院提起行政诉讼。

1. 行政监管对期货市场稳步发展意义重大

首先，加强行政监管是防范市场风险的需要。期货市场作为一个风险性和投机性很强的市场，必须有严格的风险控制制度，以约束过度投机和防范化解市场风险。在我国期货市场发展初期，由于法制建设的滞后，行政监管因缺乏法制依据而难以到位，期货市场缺乏必要的、统一的风险控制措施和监管手段，很难做到有效监管，加之期货交易所和期货公司内部管理松懈甚至混乱，过度投机、市场操纵等违法违规行为时有发生，我国期货市场一度涌现大量风险，严重影响了期货市场的功能发挥。直至清理整顿后，在中国证监会集中统一监管下，期货市场才逐步进入规范发展的轨道。实践证明，行政监管在防范市场风险和打击违法活动的过程中发挥了至关重要的作用。

其次，加强行政监管是保护市场参与各方，特别是投资者合法权益和维护社会公共利益的需要。期货市场各参与主体特别是投资者是期货市场的基础，没有他们的参与，就不会有期货市场的发展。保护投资者合法权益是期货市场监管的核心任务。期货市场是"信息+信心"的市场，只有真正保护投资者的合法权益，才能给期货投资者以信任和信心，期货市场才能长期存在和健康发展。中国证监会依法查处和打击操纵市场、内幕交易等违法行为的主要目的，就是切实保护期货投资者的合法权益。

同时，期货价格影响深远，涉及相关现货产业发展和广大现货企业的切身利益，也关系到国家金融安全和国民经济健康发展，必须加强行政监管和市场指导，引导期货市场更好服务实体经济发展。

2. 期货市场行政监管的主要原则

一是依法监管原则。依法治国，建设社会主义法治国家是我国宪法确定的党领导人民治理国家的基本方略。依法行政是依法治国基本方略的重要内容，而作为行业主管部门的依法监管则是依法行政的具体体现。我国期货市场建设发展的经验和教训，也充分说明了依法监管的重要性。中国证监会及其派出机构在日常监管工作中，行使着法律法规赋予的各项监管职责，肩负着引导我国期货市场健康发展、保护投资者合法权益、促进社会主义市场经济发展的重任。

二是公开、公平、公正（"三公"）原则。所谓公开，主要是指信息公开，其核心要求是期货市场信息的公开化，市场具有充分的透明度。要保障期货市场的透明度，期货交易所应当及时公开每一交易日的开盘价、收盘价和结算价，最高价和最低价，成交量和未平仓合约量等可能对期货交易产生影响的重要信息，以便任何会员和投资者都能充分知晓。中国证监会及其派出机构也应当公开有关监管程序、监管职责以及对期货市场违法违规行为的处罚内容等。公开原则是公平和公正原则的前提。

所谓公平，主要有三层含义：一是指期货交易活动的所有参与者都有平等的法律地位，各自的合法权益能够得到平等的保护。二是指期货交易活动的所有参与者机会均等、平等竞争，他们按照公平统一的市场规则进行交易活动，不能因为他们的身份、地位和经济实力不同而受到不公平的待遇。三是期货交易活动的组织者和监管者必须致力于营造一个所有市场参与者能够进行公平竞争的市场环境。这一原则要求期货市场不存在歧视，各市场参与主体具有完全平等的权利。

所谓公正，主要是针对中国证监会及其派出机构的监管行为而言，是指监管者应当对被监管对象给予公正的待遇，不能对特定关系人或特定关系单位给予特别照顾。简言之，这一原则要求中国证监会及其派出机构在公开、公平原则的基础上，对一切被监管对象给予公正待遇。按照公正原则，中国证监会应当根据《条例》和其他法律法规制定体现公平正义精神的规章和规范性文件，应当根据法定权限公正履行监管职责，依法对所有期货违法行为进行公正的处罚，对所有市场参与者给予公正的待遇。

三是保护投资者合法权益和社会公共利益原则。期货市场确立的投资者开户时的风险揭示制度、保证金的账户管理制度、交易指令的公开竞价原则、交易各个环节的运作规范、对操纵市场等违法行为的防范与打击等，主要目的就是要保护投资者的合法权益。除了保护投资者合法权益外，期货市场监管还要注重保护社会公共利益。所谓社会公共利益，一方面是指社会经济效益，使得期货市场的套期保值和价格发现这两大经济功能得到充分发挥，更好服务实体经济发展；另一方面是指社会经济秩序，只有做到规范运作和依法监管，才能维护期货市场的正常秩序。

3. 行政监管的主要内容

《条例》规定，中国证监会对期货市场实行集中统一的监督管理，依法履行下列职责。

一是制定有关期货市场监督管理的规章、规则，并依法行使审批权。健全的法律制度，是建立期货市场并保障其积极稳妥发展的基础。没有健全的法律制度，期货市场只能处于盲目无序状态，不可能健康发展。而法律制度由不同效力层级的规范性文件组成，包括宪法、法律、行政法规、部门规章和规范性文件等。期货市场需要相关的法律制度，便于中国证监会依法对期货市场的各种行为进行监督管理。但宪法、法律、行政法规的稳定性较强，难以经常、大量地修改去适应期货市场发展。为保证国家有健全的法律制度以规范期货市场运行，就需要赋予中国证监会依照宪法、法律及行政法规，制定有关期货市场监督管理的规章和规范性文件，并履行其职责的权力。

同时，中国证监会还应依法行使审批权（行政许可权），主要包括：①期货交易应当在依法设立的期货交易所或者中国证监会批准的其他期货交易场所进行。禁止在中国证监会批准的期货交易场所以外进行期货交易，禁止变相期货交易。②设立期货交易所，由中国证监会审批。未经中国证监会批准，任何单位或者个人不得设立期货交易所或者以任何形式组织期货交易及其相关活动。③期货交易所制定或者修改章程、交易规则，上市、中止、取消或者恢复交易品种等，都应当经中国证监会批准。④设立期货公司，应当经中国证监会批准，未经中国证监会批准，任何单位或者个人不得设立或者变相设立期货公司。⑤期货公司的设立、合并、分立、停业、解散或者破产，变更业务范围，变更注册资本且调整股权结构，新增持有 5% 以上股权的股东或者控股股东发生变化等，应当经中国证监会批准。《条例》赋予中国证监会的审批权，中国证监会应当依照《条例》的规定行使，《条例》没有明确规定的，中国证监会不得自行设定行政审批权。

二是对品种的上市、交易、结算、交割等期货交易及其相关活动，进行监督管理。中国证监会行使审批权的过程，就是对期货市场进行监督管理的过程。除此之外，中国证监会还通过各种法定的途径，对品种的上市、交易、结算、交割等期货交易及其相关活动进行监督管理。从期货交易的开户到下单的方式，以及保证金的收取和所有权归属等，《条例》都作出了相应的规定。在结算方面，规定期货交易所实现当日无负债结算制度，期货交易所或者期货公司都应及时将结算结果通知会员或者客户。《条例》还明确规定，在严格执行保证金制度方面，期货交易所向会员、期货公司向客户收取的保证金不得低于中国证监会、期货交易所规定的标准；期货交易所在异常情况下决定采取的紧急措施，应当及时报告中国证监会。

三是对期货交易所、期货公司及其他期货经营机构、非期货公司结算会员、期货保证金安全存管监控机构、期货保证金存管银行、交割仓库等市场相关参与者的期货业务活动，进行监督管理。《条例》赋予中国证监会对期货市场各参与主体，诸如期货交易所、期货公司、期货投资咨询机构等其他期货经营机构、期货交易所非期货公司结算会员、中国期货市场监控中心、期货保证金存管银行、交割仓库以及从事期货相关业务的会计师事务所、律师事务所、资产评估机构的期货业务活动进行监督管理。

四是制定期货从业人员的资格标准和管理办法，并监督实施。期货公司等期货经营机构从事期货业务活动，其业务人员应当达到一定的业务水准，具有相应的业务资格，并遵守一定的行为准则，以使期货市场能够高效有序地运行。为此，《条例》专门要求中国证监会制定期货从业人员的资格标准和管理办法，并监督其实施。

五是监督检查期货交易的信息公开情况。公开、公平、公正原则是期货市场赖以生存和发展的基础要求，也是保护投资者合法权益不受侵犯的基本原则。保护投资者合法权益是期货市场监管的重中之重，其关键是要建立起公平合理的市场环境，为投资者提供平等的交易机会和获取信息的渠道，使投资者在公平的基础上，自主决定其交易行为。而公开原则的核心要求是实现市场信息的公开化，即要求期货市场具有充分的透明度。信息公开，既要求在交易时公开有关的信息，又要求在交易后持续披露相关的信息。为保证期货交易的信息公开做到及时、真实、准确、完整，中国证监会有职责依法监督检查期货交易的信息公开情况。

六是对期货业协会的活动进行指导和监督。中国期货业协会是期货行业自我管理、自我教育的自律性组织，主要履行对会员的教育培训、资格认定、纠纷调解、维权交流与行业研究等职能。要保障期货市场积极稳妥发展，既需要中国证监会集中统一的监督管理，也需要发挥中国期货业协会的自律作用。为促进中国期货业协会依法履行好其职责，《条例》要求期货业协会的业务活动接受中国证监会的指导和监督。

七是对期货市场违法行为进行查处。任何人违反期货市场的法律、行政法规，都应承担相应的法律责任，包括民事责任、行政责任和刑事责任。中国证监会作为依法对全国期货市场进行集中统一监管的法定机构，负责对期货市场违法行为进行查处。当期货市场上发生了违反有关法律、行政法规的行为时，中国证监会应当依照规定的权限和程序，及时进行调查，在查明事实真相的基础上及时作出处理，以维护正常的市场交易秩序。

八是开展与期货市场监督管理有关的国际交流合作。期货市场国际化与经济全球化密不可分。随着各国家和地区之间经济活动联系日益紧密，国际期货市场有许多业务合作的需要，也有很多新业务模式值得借鉴，各国家和地区期货监管机构有必要通过交流促进监管合作。为适应市场发展和监管合作需要，中国证监会不断加大期货市场对外开放力度，进一步完善我国与其他国家和地区的监管执法合作。

九是法律、行政法规规定的其他职责。期货市场的复杂性和多变性，在一定程度上对经济社会发展可能产生重大影响。为维护期货交易的正常秩序，促进期货市场积极稳妥发展，保障投资者权益和社会公共利益，除《条例》明确规定的上述职责外，中国证监会还应当履行其他相关法律、行政法规规定的职责。

3.2.2 市场参与主体与中国证监会的行政救济关系

在现实生活中，由于行政权最终要由具体的行政机关和公务员来行使，可能产生某些违法或者不当的行政行为，从而对行政相对人的合法权益造成损害，因此需要给予行政相对人一定的救济途径。现代法治国家主要是通过建立行政复议和行政诉讼制度为行政相对人提供救济的。

1. 行政复议

所谓行政复议，是指公民、法人和其他组织认为行政机关或其他行政主体的具体行政行为侵犯其合法权益，依法向上级机关或法律、法规规定的特定机关提出申请，由受理申请的行政机关对原行政行为再次进行审查并作出裁决的制度。所谓具体行政行为，是指行政主体运用行政权，针对特定相对人设定权利义务的单方行为。

《中华人民共和国行政复议法》（以下简称《行政复议法》）规定，对下列具体行政行为不服的，可以申请行政复议：①对行政机关作出的警告、罚款、没收违法所得、没收非法财物、责令停产停业、暂扣或者吊销许可证、暂扣或者吊销执照、行政拘留等行政处罚决定不服的；②对行政机关作出的限制人身自由或者查封、扣押、冻结财产等行政强制措施决定不服的；③对行政机关作出的有关许可证、执照、资质证、资格证等证书变更、中止、撤销的决定不服的；④对行政机关作出的关于确认土地、矿藏、水流、森林、山岭、草原、荒地、滩涂、海域等自然资源的所有权或者使用权的决定不服的；⑤认为行政机关侵犯合法的经营自主权的；⑥认为行政机关变更或者废止农业承包合同，侵犯其合法权益的；⑦认为行政机关违法集资、征收财物、摊派费用或者违法要求履行其他义务的；⑧认为符合法定条件，申请行政机关颁发许可证、执照、资质证、资格证等证书，或者申请行政机关审批、登记有关事项，行政机关没有依法办理的；⑨申请行政机关履行保护人身权利、财产权利、受教育权利的法定职责，行政机关没有依法履行的；⑩申请行政机关依法发放抚恤金、社会保险金或者最低生活保障费，行政机关没有依法发放的；⑪认为行政机关的其他具体行政行为侵犯其合法权益的。

行政复议主要针对具体行政行为展开，对抽象行政行为一般不得提出行政复议。所谓抽象行政行为，是指行政主体运用行政权，针对不特定相对人所做的单方行为，主要包括制定行政法规、规章或其他针对不特定对象发布、能反复适用的具有普遍约束力的规范性文件的行为。但《行政复议法》也规定，一些抽象行政行为可以纳入复议范围：一是纳入行政复议范围的抽象行政行为主要是国务院各部门、县级以上地方各级人民政府及其工作部门和乡镇人民政府的规定，但不包括国务院部门规章和地方人民政府规章。二是行政相对人对规章以下的规定不服申请行政复议，只能在对具体行政行为不服申请复议时一并提出，而且该规定必须是该具体行政行为作出的依据。此外，有两类事项不属于行政复议的范围：一是不服行政机关作出的行政处分或者其他人事处理决定的。对此类行为不服，可依照有关法律、行政法规的规定提出申诉。二是不服行政机关对民事纠纷作出的调解或者其他处理。对此类行为不服，可依法申请仲裁或者向人民法院提起诉讼。

中国证监会专门制定了《中国证券监督管理委员会行政复议办法》，规定公民、法人或者其他组织对中国证监会或其派出机构、授权组织作出的具体行政行为不服，有下列情形之一的，可以向中国证监会申请行政复议：①对中国证监会或其派出机构作出的警告、罚款、没收违法所得、责令关闭、撤销任职资格或者证券从业资格、暂停或者撤销业务许可、吊销业务许可证等行政处罚决定不服的；②对中国证监会或其派出机构作出的证券、期货市场禁入决定不服的；③对中国证监会或其派出机构作出的冻结、查封、限制交易等行政强制措施不服的；④对中国证监会或其派出机构作出的限制业务活动、限期撤销境内分支机构、限制分配红利、限制转让财产、责令限制股东行使股东权利以及责令更换董事、监事、高级管理人员或者限制其权利等行政监管措施不服的；⑤认为中国证监会或其派出机构、授权组织侵犯其合法的经营自主权的；⑥认为符合法定条件，申请办理证券、期货行政许可事项，中国证监会或其派出机构没有依法办理的；⑦认为中国证监会或其派出机构在政府信息公开工作中的具体行政行为侵犯其合法权益的；⑧认为中国证监会或其派出机构、授权组织的其他具体行政行为侵犯其合法权益的。

但下列行为不属于行政复议申请的范围：①中国证监会或其派出机构、授权组织对其工作人员作出的行政处分以及其他人事处理决定；②中国证监会或其派出机构、授权组织对证券、期货民事争议所做的调解行为；③由中国证监会或其派出机构作出的行政调解和行政和解行为；④不具有强制力的证券、期货行政指导行为；⑤中国证监会或其派出机构对公民法人或者其他组织提起申诉的重复处理行为；⑥证券、期货交易所或证券、期货业协会依据自律规则，对公民、法人或者其他组织作出的决定；⑦对公民、法人或者其他组织的权利义务不产生实际影响的行为。

2. 行政诉讼

行政诉讼，是指人民法院基于公民、法人或者其他组织的请求，对行政机关具体行政行为的合法性进行审查并作出判决，解决行政争议的诉讼活动。

《中华人民共和国行政诉讼法》（以下简称《行政诉讼法》）规定，人民法院受理公民、法人或者其他组织提起的下列诉讼：①对行政拘留、暂扣或者吊销许可证和执照、责令停产停业、没收违法所得、没收非法财物、罚款、警告等行政处罚不服的；②对限制人身自由或者对财产的查封、扣押、冻结等行政强制措施和行政强制执行不服的；③申请行政许可，行政机关拒绝或者在法定期限内不予答复，或者对行政机关作出的有关行政许可的其他决定不服的；④对行政机关作出的关于确认土地、矿藏、水流、森林、山岭、草原、荒地、滩涂、海域等自然资源的所有权或者使用权的决定不服的；⑤对征收、征用决定及其补偿决定不服的；⑥申请行政机关履行保护人身权、财产权等合法权益的法定职责，行政机关拒绝履行或者不予答复的；⑦认为行政机关侵犯其经营自主权或者农村土地承包经营权、农村土地经营权的；⑧认为行政机关滥用行政权力排除或者限制竞争的；⑨认为行政机关违法集资、摊派费用或者违法要求履行其他义务的；⑩认为行政机关没有依法支付抚恤金、最低生活保障待遇或者社会保险待遇的；⑪认为行政机关不依法履行、未按照约定履行或者违法变更、解除政府特许经营协议、土地房屋征收补偿协议等协议的；⑫认为行政机关侵犯其他人身权、财产权等合法权益的。

但人民法院不受理公民、法人或者其他组织对下列事项提起的诉讼：①国防、外交等国家行为；②行政法规、规章或者行政机关制定、发布的具有普遍约束力的决定、命令；③行政机关对行政机关工作人员的奖惩、任免等决定；④法律规定由行政机关最终裁决的行政行为。法律规定由行政机关最终裁决的具体行政行为，又称复议终局的具体行政行为，一经作出，就具有法律效力，相对人不得再提起行政诉讼。

《行政诉讼法》规定，对属于人民法院受案范围的行政案件，公民、法人或者其他组织可以先向行政机关申请复议，对复议决定不服的，再向人民法院提起诉讼；也可以直接向人民法院提起诉讼。据此，期货交易所、期货公司、期货投资者等市场参与主体对中国证监会及其派出机构作出的具体行政行为不服的，可以向中国证监会申请行政复议，也可以直接向人民法院提起行政诉讼。

3.3 期货市场的刑事法律关系

刑法是规定什么是犯罪，以及如何对犯罪予以处罚的基本法律。犯罪是严重危害社会的违法行为。刑法对于期货市场稳定运行和健康发展起着重要的保障作用，它通过追究和惩处涉及期货市场的犯罪行为，维护正常的市场秩序，保护投资者的合法权益。《中华人民共和国刑法》（以下简称《刑法》）规定了三项基本原则：一是罪刑法定原则，是指法律明文规定为犯罪行为的，依照法律定罪处刑；法律没有明文规定为犯罪的，不得定罪处刑。二是适用刑法人人平等原则，是指对任何人犯罪，在适用法律上一律平等，不允许任何人有超越法律的特权。三是罪责刑相适应原则，是指刑罚的轻重应当与其所犯罪行和承担的刑事责任相适应。一般认为，刑事法律关系是国家与犯罪人之间因犯罪行为而产生的、受刑法规范调整的权利和义务关系，表现为国家享有对犯罪人进行刑罚处罚的权利，承担依法适用刑罚的义务；犯罪人有接受刑罚处罚的义务，享有不受"法外用刑"的权利。就期货犯罪领域而言，突出表现为国家对编造并传播虚假信息、操纵市场、内幕交易、利用未公开信息交易等犯罪行为的刑罚处罚。

1. 编造并传播证券、期货交易虚假信息罪

编造并传播证券、期货交易虚假信息罪是指编造并且传播影响证券、期货交易的虚假信息，扰乱证券、期货交易市场，造成严重后果的行为。所谓"影响证券、期货交易的虚假信息"，是指能够对证券、期货交易的交易秩序（如价格与交易量等）产生影响的不真实的信息。行为人必须具有编造并且传播影响证券、期货交易的虚假信息的行为，扰乱了证券、期货交易市场，造成严重后果，才构成犯罪。犯本罪的，处 5 年以下有期徒刑或者拘役，并处或者单处 1 万元以上 10 万元以下罚金。单位犯本罪的，对单位判处罚金，并对其直接负责的主管人员和其他直接责任人员，处 5 年以下有期徒刑或者拘役。

2. 操纵证券、期货市场罪

操纵证券、期货市场罪是指通过非法手段操纵证券、期货市场，影响证券、期货交易价格或者证券、期货交易量，情节严重的行为，具体表现为以下几种情况：一是单独或者合谋，集中资金优势、持股或者持仓优势或者利用信息优势联合或者连续买卖的；二是与他人串通，以事先约定的时间、价格和方式相互进行证券、期货交易的；三是在自己实际控制的账户之间进行证券交易，或者以自己为交易对象，自买自卖期货合约的；四是不以成交为目的，频繁或者大量申报买入、卖出证券、期货合约并撤销申报的；五是利用虚假或者不确定的重大信息，诱导投资者进行证券、期货交易的；六是对证券、证券发行人、期货交易标的公开作出评价、预测或者投资建议，同时进行反向证券交易或者相关期货交易的；七是以其他方法操纵证券、期货市场的。犯本罪的，处 5 年以下有期徒刑或者拘役，并处或者单处罚金；情节特别严重的，处 5 年以上 10 年以下有期徒刑，并处罚金。单位犯本罪的，对单位判处罚金，并对其直接负责的主管人员和其他直接责任人员，依照上述规定处罚。

根据最高人民法院、最高人民检察院《最高人民法院 最高人民检察院关于办理操纵证券、期货市场刑事案件适用法律若干问题的解释》，在司法实践中需要注意以下事项。

扩展阅读 3.1　期货从业人员金某被判操纵市场罪、职务侵占罪

（1）行为人具有下列情形之一的，可以认定为《刑法》第一百八十二条第一款第四项规定的"以其他方法操纵证券、期货市场"：①利用虚假或者不确定的重大信息，诱导投资者作出投资决策，影响证券、期货交易价格或者证券、期货交易量，并进行相关

交易或者谋取相关利益的；②通过对证券及其发行人、上市公司、期货交易标的公开作出评价、预测或者投资建议，误导投资者作出投资决策，影响证券、期货交易价格或者证券、期货交易量，并进行与其评价、预测、投资建议方向相反的证券交易或者相关期货交易的；③通过策划、实施资产收购或者重组、投资新业务、股权转让、上市公司收购等虚假重大事项，误导投资者作出投资决策，影响证券交易价格或者证券交易量，并进行相关交易或者谋取相关利益的；④通过控制发行人、上市公司信息的生成或者控制信息披露的内容、时点、节奏，误导投资者作出投资决策，影响证券交易价格或者证券交易量，并进行相关交易或者谋取相关利益的；⑤不以成交为目的，频繁申报、撤单或者大额申报、撤单，误导投资者作出投资决策，影响证券、期货交易价格或者证券、期货交易量，并进行与申报相反的交易或者谋取相关利益的；⑥通过囤积现货，影响特定期货品种市场行情，并进行相关期货交易的；⑦以其他方法操纵证券、期货市场的。

（2）下列账户应当认定为《刑法》第一百八十二条中规定的"自己实际控制的账户"：①行为人以自己名义开户并使用的实名账户；②行为人向账户转入或者从账户转出资金，并承担实际损益的他人账户；③行为人通过第①项、第②项以外的方式管理、支配或者使用的他人账户；④行为人通过投资关系、协议等方式对账户内资产行使交易决策权的他人账户；⑤其他有证据证明行为人具有交易决策权的账户。有证据证明行为人对①～③的账户内资产没有交易决策权的除外。

（3）"违法所得"，是指通过操纵证券、期货市场所获利益或者避免的损失。

3. 内幕交易、泄露内幕信息罪

内幕交易、泄露内幕信息罪是指证券、期货交易内幕信息的知情人员或者非法获取证券、期货交易内幕信息的人员，在涉及证券的发行，证券、期货交易或者其他对证券、期货交易价格有重大影响的信息尚未公开前，买入或者卖出该证券，或者从事与该内幕信息有关的期货交易，或者泄露该信息，或者明示、暗示他人从事上述交易活动，情节严重的行为。犯本罪的，处 5 年以下有期徒刑或者拘役，并处或者单处违法所得 1 倍以上 5 倍以下罚金；情节特别严重的，处 5 年以上 10 年以下有期徒刑，并处违法所得 1 倍以上 5 倍以下罚金。单位犯本罪的，对单位判处罚金，并对其直接负责的主管人员和其他直接责任人员，处 5 年以下有期徒刑或者拘役。

根据《最高人民法院、最高人民检察院关于办理内幕交易、泄露内幕信息刑事案件具体应用法律若干问题的解释》，在司法实践中需要注意以下几方面。

（1）具有下列行为的人员应当认定为《刑法》第一百八十条第一款规定的"非法获取证券、期货交易内幕信息的人员"：①利用窃取、骗取、套取、窃听、利诱、刺探或者私下交易等手段获取内幕信息的；②内幕信息知情人员的近亲属或者其他与内幕信息知情人员关系密切的人员，在内幕信息敏感期内，从事或者明示、暗示他人从事或者泄露内幕信息，导致他人从事与该内幕信息有关的证券、期货交易，相关交易行为明显异常，且无正当理由或者正当信息来源的；③在内幕信息敏感期内，与内幕信息知情人员联络、接触，从事或者明示、暗示他人从事或者泄露内幕信息，导致他人从事与该内幕信息有关的证券、期货交易，相关交易行为明显异常，且无正当理由或者正当信息来源的。

（2）"相关交易行为明显异常"，要综合以下情形，从时间吻合程度、交易背离程度和利益关联程度等方面予以认定：①开户、销户、激活资金账户或者指定交易（托管）、撤销指定交易（转托管）的时间与该内幕信息形成、变化、公开时间基本一致的；②资金变化与该内幕信息形成、变化、公开时间基本一致的；③买入或者卖出与内幕信息有关的证券、期货合约时间与内幕信息的形成、变化和公开时间基本一致的；④买入或者卖出与内幕信息有关的证券、期货合约时间与获悉内幕信息的时间基本一致的；⑤买入或者卖出证券、期货合约行为明显与平时交易习惯不同的；⑥买入或者卖出证券、期货合约行为，或者集中持有证券、期货合约行为与该证券、期货公开信息反映的基本面明显背离的；⑦账户交易资金进出与该内幕信息知情人员或者非法获取人员有关联或者利害关系的；⑧其他交易行为明显异常情形。

（3）具有下列情形之一的，不属于《刑法》第一百八十条第一款规定的从事与内幕信息有关的证券、期货交易：①持有或者通过协议、其他安排与他人共同持有上市公司5%以上股份的自然人、法人或者其他组织收购该上市公司股份的；②按照事先订立的书面合同、指令、计划从事相关证券、期货交易的；③依据已被他人披露的信息而交易的；④交易具有其他正当理由或者正当信息来源的。

（4）"内幕信息敏感期"是指内幕信息自形成至公开的期间。《中华人民共和国证券法》（以下简称《证券法》）第六十七条第二款所列"重大事件"的发生时间，第七十五条规定的"计划""方案"以及《期货交易管理条例》第八十五条第十一项规定的"政策""决定"等的形成时间，应当认定为内幕信息的形成之时。影响内幕信息形成的动议、筹划、决策或者执行人员，其动议、筹划、决策或者执行初始时间，应当认定为内幕信息的形成之时。内幕信息的公开，是指内幕信息在国务院证券、期货监督管理机构指定的报刊、网站等媒体披露。

（5）"违法所得"，是指通过内幕交易行为所获利益或者避免的损失。内幕信息的泄露人员或者内幕交易的明示、暗示人员未实际从事内幕交易的，其罚金数额按照因泄露而获悉内幕信息人员或者被明示、暗示人员从事内幕交易的违法所得计算。

4. 利用未公开信息交易罪

利用未公开信息交易罪是指证券交易所、期货交易所、证券公司、期货公司、基金管理公司、商业银行、保险公司等金融机构的从业人员以及有关监管部门或者行业协会的工作人员，利用因职务便利获取的内幕信息以外的其他未公开的信息，违反规定，从事与该信息相关的证券、期货交易活动，或者明示、暗示他人从事相关交易活动，情节严重的行为。犯本罪的，处 5 年以下有期徒刑或者拘役，并处或者单处违法所得 1 倍以上 5 倍以下罚金；情节特别严重的，处 5 年以上 10 年以下有期徒刑，并处违法所得 1

倍以上 5 倍以下罚金。单位犯本罪的，对单位判处罚金，并对其直接负责的主管人员和其他直接责任人员，处 5 年以下有期徒刑或者拘役。

根据《最高人民法院 最高人民检察院关于办理利用未公开信息交易刑事案件适用法律若干问题的解释》，在司法实践中需要注意以下几方面内容。

（1）"内幕信息以外的其他未公开的信息"，包括下列信息：①证券、期货的投资决策、交易执行信息；②证券持仓数量及变化、资金数量及变化、交易动向信息；③其他可能影响证券、期货交易活动的信息。内幕信息以外的其他未公开的信息难以认定的，司法机关可以在有关行政主（监）管部门的认定意见的基础上，根据案件事实和法律规定作出认定。

（2）"违反规定"，是指违反法律、行政法规、部门规章、全国性行业规范有关证券、期货未公开信息保护的规定，以及行为人所在的金融机构有关信息保密、禁止交易、禁止利益输送等规定。

（3）行为人"明示、暗示他人从事相关交易活动"，应当综合以下方面进行认定：①行为人具有获取未公开信息的职务便利；②行为人获取未公开信息的初始时间与他人从事相关交易活动的初始时间具有关联性；③行为人与他人之间具有亲友关系、利益关联、交易终端关联等关联关系；④他人从事相关交易的证券、期货品种、交易时间与未公开信息所涉证券、期货品种、交易时间等方面基本一致；⑤他人从事的相关交易活动明显不具有符合交易习惯、专业判断等正当理由；⑥行为人对明示、暗示他人从事相关交易活动没有合理解释。

（4）"违法所得"，是指行为人利用未公开信息从事与该信息相关的证券、期货交易活动所获利益或者避免的损失。行为人明示、暗示他人利用未公开信息从事相关交易活动，被明示、暗示人员从事相关交易活动所获利益或者避免的损失，应当认定为"违法所得"。行为人未实际从事与未公开信息相关的证券、期货交易活动的，其罚金数额按照被明示、暗示人员从事相关交易活动的违法所得计算。

5. 背信运用受托财产罪

背信运用受托财产罪是指商业银行、证券交易所、期货交易所、证券公司、期货公司、保险公司或者其他金融机构，违背受托义务，擅自运用客户资金或者其他委托、信托的财产，情节严重的行为。犯本罪的，对单位判处罚金，并对其直接负责的主管人员和其他直接责任人员，处 3 年以下有期徒刑或者拘役，并处 3 万元以上 30 万元以下罚金；情节特别严重的，处 3 年以上 10 年以下有期徒刑，并处 5 万元以上 50 万元以下罚金。

扩展阅读 3.2　期货公司从业人员被判背信运用受托财产罪

扩展阅读 3.3　期货从业人员可能构成行贿犯罪

6. 其他犯罪

根据《刑法》及相关司法解释，涉及期货市场的犯罪还包括：擅自设立金融机构罪，伪造，变造、转让金融机构经营许可证、批准文件罪，非法吸收公众存款罪，诱骗投资者买卖证券、期货合约罪，行贿罪，吸收客户资金不入账罪，洗钱罪等。

本 章 习 题

1. 简述期货交易者与期货公司之间的行纪法律关系。
2. 简述期货公司或客户与期货居间人之间的居间关系。
3. 简述中国证监会行政监管的主要内容。
4. 说明什么是编造并传播证券、期货交易虚假信息罪。
5. 说明什么是操纵证券、期货市场罪。

期货市场何以很少发生内幕交易？

自学自测　　扫描此码

第 4 章

期货市场监管的法律体系

【本章学习目标】

1. 了解我国期货市场法制建设沿革；
2. 理解我国期货交易、结算、交割及风险控制等基本业务规则；
3. 了解违反期货行政法规、规章等应当承担的法律责任。

"期货和衍生品法"呼之欲出

2021 年 10 月 19 日，十三届全国人大常委会第三十一次会议听取了全国人大宪法和法律委员会关于期货法草案修改情况的汇报。

此前，十三届全国人大常委会第二十八次会议对期货法草案进行了初次审议。此次草案二审稿根据有的常委委员和有关方面的建议，将本法名称修改为"期货和衍生品法"。

在本次审议的期货和衍生品法草案中，增加期货交易的定义，即以期货合约或者标准化期权合约为交易标的的交易活动；增加衍生品交易的定义，即期货交易以外的，以非标准化期权合约、互换合约和远期合约及其组合为交易标的的交易活动；明确期货合约、期权合约的定义。

按照"放管服"改革精神，此次审议的草案取消对除信息技术服务机构外的其他期货服务机构的备案要求。草案还进一步强化国务院期货监督管理机构加强风险监测监控、防范化解系统性风险的责任。

4.1 期货市场法制建设

期货市场是一个规则导向的市场。我国期货市场建设之初就致力于完善法制建设，积极推动期货法立法，并先后出台《暂行条例》和《条例》，以规范期货交易行为，加强对期货交易的监督管理，维护期货市场秩序，防范风险，保护期货交易各方的合法权益和社会公共利益，促进期货市场积极稳妥发展。目前，以《条例》为核心、以中国证券监督管理委员会部门规章和规范性文件为主体的期货市场法律法规体系基本形成，为促进期货市场健康发展提供了有力的法制保障。

4.1.1　我国期货市场法制沿革

1. 规范发展与制度保障

期货市场运行和发展需要充分的法制保障。在总结期货市场清理整顿经验教训的基础上，国务院于 1999 年 6 月颁布了《暂行条例》。以此为基础并结合期货市场发展和监管需求，国务院于 2007 年 3 月颁布了《条例》，并于当年 4 月 15 日正式实施。与之配套，中国证监会也相继发布了《期货交易所管理办法》《期货公司管理办法》《期货从业人员管理办法》《期货公司董事、监事和高级管理人员任职资格管理办法》《期货公司首席风险官管理规定（试行）》《期货市场客户开户管理规定》等部门规章和规范性文件。

1999 年 12 月，九届全国人大十三次会议通过的《刑法》修正案，专门增加了有关期货市场犯罪和刑罚的规定。此后，《中华人民共和国刑法修正案（六）》《中华人民共和国刑法修正案（七）》等对期货市场常见犯罪和处罚做了进一步规定。此外，最高人民法院分别于 2003 年和 2011 年发布了《最高人民法院关于审理期货纠纷案件若干问题的规定》《最高人民法院关于审理期货纠纷案件若干问题的规定（二）》等司法解释。这些法律文件的出台，为加强期货市场监管、强化市场风险管理、巩固期货市场清理整顿成果提供了有力保障，为促进期货市场规范发展作出了重要贡献，奠定了期货市场稳健发展的法制基础。

2. 创新发展与制度供给

党的十八大以来，依法治国理念深入人心，期货市场法律法规体系更加健全，有力促进了期货市场的创新发展和对外开放。

一是法规层面。2012 年以来，国务院先后多次对《条例》进行了修订，为打击非法期货交易活动，推动国债期货、原油期货等新产品上市创造了有利条件，也进一步精简了有关行政审批事项，营造了市场化、法治化、国际化的发展环境。

二是规章层面。中国证监会结合市场发展和市场实践，对《期货公司监督管理办法》《期货交易所管理办法》《期货公司董事、监事和高级管理人员任职资格管理办法》《期货公司风险监管指标管理办法》等均进行了修改，切实贯彻简政放权相关要求，并为期货公司推动风险管理业务、资产管理业务等业务创新，以及加强期货公司内部控制和防范财务风险提供了法制保障。特别强调的是，为适应期货市场对外开放需要，中国证监会于 2015 年、2018 年分别发布了《境外交易者和境外经纪机构从事境内特定品种期货交易管理暂行办法》和《外商投资期货公司管理办法》，为引入境外交易者和境外经纪机构参与中国期货市场，以及外资入股期货公司提供了法制依据。为适应市场发展和监管需要，中国证监会发布《关于〈期货交易管理条例〉第七十条第五项"其他操纵期货交易价格行为"的规定》，细化规定"操纵期货交易价格的行为"的若干情形，进一步强化行政监管，确保期货市场有序发展，持续增强期货市场服务实体经济能力。

三是规范性文件层面。中国证监会修订《期货市场客户开户管理规定》《期货公司保证金封闭管理办法》，凸显了加强期货投资者保护、防范市场风险的重要意义。

此外，各期货交易所、中国期货业协会、中国期货市场监控中心还发布了大量的管理规定和业务规则，用以调控期货交易秩序、防范市场风险和规范执业行为。其中，中国期货业协会发布的《期货从业人员执业行为准则》《中国期货业协会纪律惩戒程序》等规定从内容和程序上对期货公司及其从业人员的展业（执业）行为进行规定，促进了整个期货行业的规范运作和合法经营。

为依法惩治内幕交易、操纵市场等证券期货犯罪，最高人民法院、最高人民检察院于 2012 年发布了《最高人民法院、最高人民检察院关于办理内幕交易、泄露内幕信息刑事案件具体应用法律若干问题的解释》，又于 2019 年发布了《最高人民法院 最高人民检察院关于办理利用未公开信息交易刑事案件适用法律若干问题的解释》和《最高人民法院 最高人民检察院关于办理操纵证券、期货市场刑事案件适用法律若干问题的解释》，以指导司法机关正确适用法律，办理好涉及期货市场的内幕交易和操纵市场等刑事案件。在此基础上，全国人大常委会于 2020 年 12 月通过《中华人民共和国刑法修正案（十一）》，将"不以成交为目的，频繁或者大量申报买入、卖出证券、期货合约并撤销申报的""利用虚假或者不确定的重大信息，诱导投资者进行证券、期货交易的""对证券、证券发行人、期货交易标的公开作出评价、预测或者投资建议，同时进行反向证券交易或者相关期货交易的"等行为认定为操纵证券、期货市场罪的表现形式，结合市场发展和监管需要进一步加大了对期货市场违法行为的惩治力度。

4.1.2 推出期货法的意义

法治兴，则市场兴。早在我国期货市场建立之初，业内就有专门制定期货法的建议，并数度纳入全国人大立法规划，但其后都因种种原因而中断。随着我国期货市场稳步发展和对外开放深入推进，社会各界对期货市场服务实体经济功能有了更多、更深的理解，制定期货法的呼声也越来越强烈，相关议题多次被列入全国两会提案。目前，十三届全国人大已将制定期货法列为立法规划项目，相关立法工作正在积极推进中。

1. 衔接相关法律，形成制度合力

2019 年 12 月《证券法》修改后，删除了"证券衍生品种发行、交易的管理办法，由国务院依照本法的原则规定"的表述，从而将证券衍生品排除在《证券法》适用范围之外，留待期货法进行调整，为此亟须加快推出期货法，实现与现有法律的有效衔接。

2. 规范期货交易行为，维护期货市场秩序

期货交易与传统现货商品交易有本质的区别，需要有专门的法律规范用以定纷止争，明晰市场参与各方的权利、义务和责任。

3. 保护投资者合法权益

投资者是期货市场的存在基础和服务对象。没有个人投资者、机构投资者、现货产业客户等各类投资者的有序参与，期货市场的稳健运行和功能发挥将无从谈起。

4. 促进功能发挥，服务实体经济

期货、期权等衍生品是服务实体经济的重要工具。企业参与期货市场有助于管理价格风险、保障经营收益。服务实体经济是期货市场创新发展的初心和使命，如果偏离这个方向，期货市场就可能沦为各种资金博弈的赌场，这点尤其需要立法加以明确和坚持。

5. 提升中国期货市场竞争力和影响力

2020 年 11 月 12 日，习近平总书记在浦东开发开放 30 周年庆祝大会上的讲话中指出，"要完善金融市场体系、产品体系、机构体系、基础设施体系……建设国际金融资产交易平台，提升重要大宗商品的价格影响力，更好服务和引领实体经济发展"。目前，国际大宗商品价格主要由欧美等发达经济体的期货市场定价。随着我国对外开放的不断深入，迫切需要推出期货法，规范和指引境内外市场主体更好参与我国期货市场，逐步提升我国在国际大宗商品上的价格影响力。

4.2　期货交易基本规则

期货交易是期货法律法规的核心内容。境外市场上也有将期货法律法规直接命名为"期货交易法"的情况。广义上的期货交易包括交易、结算、交割三个主要环节，由于在期货交易的实际操作中，大多数期货交易都是通过对冲平仓的方式了结履约责任，进入交割环节的比重非常小，所以交割环节并不是期货交易流程的必经环节。但无论是否交割，期货交易各环节上都设置了严格的风险控制制度，以保障期货市场的稳定运行。

4.2.1　期货交易制度

所谓期货交易，是指采用公开的集中交易方式或者中国证监会批准的其他方式进行的以期货合约或者期权合约为交易标的的交易活动。《条例》《期货交易所管理办法》《期货公司监督管理办法》《境外交易者和境外经纪机构从事境内特定品种期货交易管理暂行办法》《期货市场客户开户管理规定》《期货公司保证金封闭管理办法》等，从不同层面、不同角度对期货交易制度进行了规定。主要内容如下。

1. 入场交易与委托交易

《条例》规定，在期货交易所进行期货交易的，应当是期货交易所会员。符合规定条件的境外机构，可以在期货交易所从事特定品种的期货交易。因此，能够直接入场交易的只有四类市场主体：一是期货公司会员。它可以接受客户委托，以期货公司的名义

进行期货交易，但交易结果由客户承担。二是非期货公司会员。一些大型的现货企业，如中国黄金集团有限责任公司等，经申请成为上海期货交易所会员后，就可以直接入场交易，但其不得接受其他客户委托进行期货交易。此二者都是因为具有期货交易所会员资格，才能直接入场交易的。三是从事特定品种期货交易的境外经纪机构。经期货交易所批准，符合条件的境外经纪机构可以接受境外交易者委托，直接在期货交易所以自己的名义为境外交易者进行境内特定品种期货交易。四是从事特定品种期货交易的境外交易者。经期货交易所批准，符合条件的境外交易者可以直接在期货交易所从事境内特定品种期货交易。此二者都是因为获得期货交易所特别批准，才能直接入场交易的。

除上述四种情形外，绝大多数期货投资者都只能作为期货公司的客户，委托期货公司进行期货交易。但根据《条例》《期货公司监督管理办法》有关规定，期货公司不得接受下列单位和个人的委托，为其进行期货交易：①国家机关和事业单位；②中国证监会及其派出机构、期货交易所、期货保证金安全存管监控机构、中国期货业协会工作人员及其配偶；③期货公司工作人员及其配偶；④证券、期货市场禁止进入者；⑤未能提供开户证明材料的单位和个人；⑥中国证监会规定的不得从事期货交易的其他单位和个人。

2. 客户开户及交易编码申请

1）开户实名制

客户开户应当符合《条例》及中国证监会有关规定，并遵守以下实名制要求：①个人客户应当本人亲自办理开户手续，签署开户资料，不得委托代理人代为办理开户手续。除中国证监会另有规定外，个人客户的有效身份证明文件为中华人民共和国居民身份证。②单位客户应当出具单位客户的授权委托书、代理人的身份证和其他开户证件。除中国证监会另有规定外，一般单位客户的有效身份证明文件为组织机构代码证和营业执照；证券公司、基金管理公司、信托公司和其他金融机构，以及社会保障类公司、合格境外机构投资者（QFII）等法律、行政法规和规章规定的需要资产分户管理的特殊单位客户，其有效身份证明文件由中国期货市场监控中心（以下简称"监控中心"）另行规定。③期货经纪合同、期货结算账户中客户姓名或者名称与其有效身份证明文件中的姓名或者名称一致。④在期货经纪合同及其他开户资料中真实、完整、准确地填写客户资料信息。

期货公司应当对客户进行以下实名制审核：①对照有效身份证明文件，核实个人客户是否本人亲自开户，核实单位客户是否由经授权的代理人开户；②确保客户交易编码申请表、期货结算账户登记表、期货经纪合同等开户资料所记载的客户姓名或者名称与其有效身份证明文件中的姓名或者名称一致。

客户开户时，期货公司应当实时采集并保存客户以下影像资料：①个人客户头部正面照和身份证正反面扫描件；②单位客户开户代理人头部正面照、开户代理人身份证正反面扫描件、单位客户有效身份证明文件扫描件。

证券公司依法接受期货公司委托协助办理开户手续的，应当按照要求对照核实客户真实身份，核对客户期货结算账户户名与其有效身份证明文件中姓名或者名称一致，采集并留存客户影像资料，并随同其他开户资料一并提交期货公司审核开户和存档。期货公司应当按照监控中心规定的格式要求采集并以电子文档方式在公司总部集中统一保存客户影像资料，并随其他开户材料一并存档备查。各营业部也应当保存所办理的客户开户资料及其影像资料。

2）申请交易编码

《期货交易所管理办法》规定，期货交易实行客户交易编码制度。会员和客户应当遵守一户一码制度，不得混码交易。期货公司应当为每一个客户单独开立专门账户、设置交易编码。期货公司不得与不符合实名制要求的客户签署期货经纪合同，也不得为未签订期货经纪合同的客户申请交易编码。期货公司为客户申请交易编码，应当向监控中心提交客户交易编码申请。客户交易编码申请填写内容应当完整，并与期货经纪合同所记载的内容一致。期货公司为单位客户申请交易编码时，应当按照规定要求向监控中心提交该单位客户的有效身份证明文件扫描件。

期货公司应当按照规定要求定期向监控中心提交客户的以下资料：①个人客户的头部正面照和身份证正反面扫描件；②单位客户的开户代理人头部正面照和身份证正反面扫描件。

监控中心应当按以下标准对期货公司提交的客户交易编码申请表及其他相关资料进行复核：①客户交易编码申请表内容完整性、格式正确性；②个人客户姓名和身份证号码与全国公民身份信息查询服务系统反馈结果的一致性；③一般单位客户名称和组织机构代码证号码与全国组织机构代码管理中心反馈结果的一致性；④客户姓名或者名称与其期货结算账户户名的一致性；⑤其他应当复核的内容。

监控中心在复核中发现以下情况之一的，应当退回客户交易编码申请，并告知期货公司：①客户资料不符合实名制要求；②客户交易编码申请表及相关资料内容不完整、格式不正确；③中国证监会规定的其他情形。

监控中心应当将当日通过复核的客户交易编码申请资料转发给相关期货交易所。期货交易所应当将客户交易编码申请的处理结果发送监控中心，由监控中心当日反馈给期货公司。当日分配的客户交易编码，期货交易所应当于下一交易日允许客户使用。

3）客户资料修改

期货公司修改与申请交易编码相关的客户资料，应当向监控中心提交修改申请，申请修改的内容应当与期货经纪合同中客户资料保持一致。期货公司申请对客户姓名或者名称、客户有效身份证明文件号码、客户期货结算账户户名进行修改的，监控中心重新按相关规定进行复核。通过复核的，监控中心将修改后的资料转发相关期货交易所和期货公司，并由其进行相应处理。期货公司申请对客户姓名或者名称、客户有效身份证明文件号码、客户期货结算账户户名之外的客户资料进行修改的，应当指明修改申请拟提交的期货交易所，监控中心对修改后客户资料内容的完整性、格式正确性进行复核，并将通过复核的申请转发相关期货交易所。期货交易所根据其业务规则检查后，向监控中心反馈修改申请的处理结果，由监控中心反馈给期货公司。监控中心和期货交易所在管理中发现客户资料错误的，应当统一由监控中心通知期货公司，由期货公司登录统一开户系统进行修改。

4）注销交易编码

期货公司应当登录监控中心统一开户系统办理客户交易编码的注销。监控中心接到期货公司的客户交易编码注销申请后，应当于当日转发给相关期货交易所。期货交易所应当将期货公司客户交易编码注销申请处理结果及时反馈给监控中心，监控中心据此反馈给期货公司。期货交易所注销客户交易编码的，应当于注销当日通知监控中心，监控中心据此通知期货公司。

5）客户资料管理

期货公司在交易结算系统中维护的客户资料应当与报送统一开户系统的客户资料保持一致。监控中心应当对期货公司报送保证金监控系统与统一开户系统的客户姓名或者名称、内部资金账户、期货结算账户和交易编码进行一致性复核。监控中心应当根据统一开户系统，建立期货市场客户基本资料库。对于客户姓名或者名称、有效身份证明文件号码和客户期货结算账户户名之外的客户信息，监控中心应当根据不同的期货交易所、期货公司分别维护。期货交易所应当定期向监控中心核对客户资料。

3. 交易指令的执行与错单处理

客户可以通过书面、电话、互联网或者中国证监会规定的其他方式，向期货公司下达交易指令。以书面方式下达交易指令的，客户应当填写书面交易指令单；以电话方式下达交易指令的，期货公司应当同步录音；以计算机、互联网等委托方式下达交易指令的，期货公司应当以适当方式保存。以互联网方式下达交易指令的，期货公司应当对互联网交易风险进行特别提示。

客户的交易指令应当明确、全面。期货公司不得隐瞒重要事项或者使用其他不正当手段诱骗客户发出交易指令。期货公司应当建立交易指令委托管理制度，并与客户就委托方式和程序进行约定。期货公司应当按照客户委托下达交易指令，不得未经客户委托或者未按客户委托内容，擅自进行期货交易。期货公司从业人员不得私下接受客户委托进行期货交易。期货公司应当进行客户交易指令审核。期货公司应当在传递交易指令前对客户账户资金和持仓进行验证。期货公司应当按照时间优先的原则传递客户交易指令。

期货价格的形成方式主要有公开喊价和计算机撮合成交两种。公开喊价属于传统的竞价方式。而包括我国期货交易所在内的大多数期货市场均采取计算机撮合成交方式。当计算机显示指令成交后，客户可以立即在期货公司的下单系统获得成交回报。对于书面下单和电话下单的客户，期货公司应按约定方式即时予以回报。

期货公司应当建立健全客户交易行为管理制度，发现客户交易指令涉嫌违法违规或者出现交易异常的，应当及时向期货交易所、监控中心及住所地中国证监会派出机构报告。期货公司应当制定并执行错单处理业务规则。交易过程中，客户对交易结果及相关事项向期货公司提出异议的，期货公司应当及时核实。为避免损失的可能发生或者扩大，期货公司在收到客户的异议后，可以将发生异议的持仓合约进行平仓或者重新执行客户的交易指令，由此发生的损失由有过错一方承担。期货公司错误执行客户交易指令，除客户认可的以外，交易结果由期货公司承担。

4. 保证金及其封闭运行

1）保证金用途和类型

所谓保证金，是指期货交易者按照规定交纳的资金或者提交的价值稳定、流动性强的标准仓单、国债等有价证券，用于结算和保证履约。根据性质与作用的不同，保证金分为结算准备金和交易保证金。结算准备金是指未被合约占用的保证金；交易保证金是指已被合约占用的保证金。实行会员分级结算制度的期货交易所只向结算会员收取保证金。

期货交易应当严格执行保证金制度。期货交易所向会员、期货公司向客户收取的保证金，不得低于中国证监会、期货交易所规定的标准，并应当与自有资金分开，专户存放。期货交易所向会员收取的保证金，属于会员所有，除用于会员的交易结算外，严禁挪作他用。期货公司向客户收取的保证金，属于客户所有，除下列可划转的情形外，严禁挪作他用：①依据客户的要求支付可用资金；②为客户交存保证金，支付手续费、税款；③中国证监会规定的其他情形。

期货交易所可以接受以下有价证券作为保证金：①经期货交易所认定的标准仓单；②可流通的国债；③中国证监会认定的其他有价证券。以上述规定的有价证券作为保证金的，充抵的期限不得超过该有价证券的有效期限。

期货交易所应当制定有价证券作为保证金的规则，明确可以作为保证金的有价证券的种类、基准计算价值、折扣率等内容。期货交易所可以根据市场情况对作为保证金的有价证券的基准计算进行调整。有价证券作为保证金的金额不得高于会员在期货交易所专用结算账户中的实有货币资金的 4 倍。期货交易的相关亏损、费用、货款和税金等款项，应当以货币资金支付。客户以有价证券作为保证金的，会员应当将收到的有价证券提交期货交易所。非结算会员的客户以有价证券作为保证金的，非结算会员应将收到的有价证券提交结算会员，由结算会员提交期货交易所。客户以有价证券作为保证金的，期货交易所应当将此有价证券的种类和数量如实反映在该客户的交易编码下。

2）保证金封闭运行

期货公司客户保证金按照封闭运行原则，必须全额存入从事保证金存取业务的期货保证金存管银行（以下简称"存管银行"），与期货公司自有资金相互独立、分别管理。严禁期货公司挪用保证金。

期货公司应当在存管银行开立保证金账户，专用于保证金的存放。期货公司根据业务需要可以在多家存管银行开立保证金账户，但必须指定一家存管银行为主办存管银行。如遇特殊情形，期货公司可以向监控中心申请，将另一家存管银行临时指定为主办存管银行。期货公司应当在主办存管银行开立专用自有资金账户。客户从事期货交易，应当以本人名义在存管银行开立期货结算账户或者指定用于存取保证金的银行结算账户作为期货结算账户。客户使用期货结算账户办理期货交易出入金之前，应当在期货公司登记。客户可以在期货公司登记多家存管银行的期货结算账户。客户变更期货结算账户，应当在期货公司办理变更登记。期货公司必须将保证金存放于保证金账户。保证金可以在期货公司保证金账户、期货公司在期货交易所指定的存管银行网点开立的专用资金账户、期货公司在期货交易所及其他期货结算机构的资金账户之间划转。上述账户共同构成保证金封闭圈。保证金只能在封闭圈内划转，封闭运行。

除下列情况外，期货公司不得将资金划出封闭圈：①客户出金。②期货公司收取手续费、利息等，支付席位费、电话费等费用，应当在保证金封闭圈与专用自有资金账户间相互划款。③期货公司为满足客户在不同期货交易所之间的交易需求，保证客户的交易结算，以自有资金临时补充结算准备金的，只能从专用自有资金账户调入在主办存管银行开立并指定的保证金账户。期货公司完成临时周转后需要将调入的资金划回自有资金账户的，只能从在主办存管银行开立并指定的保证金账户划入专用自有资金账户，且累计划出金额不得大于前期累计划入金额。

严禁以质押等方式变相挪用占用保证金。期货公司自有资金账户与保证金封闭圈相互隔离。期货公司在保证金封闭圈和自有资金之间划转资金，只能通过在主办存管银行开立并指定的保证金账户和专用自有资金账户之间进行。除指定用于保证金封闭圈与自有资金之间进行划转的保证金账户外，期货公司开立的其他保证金账户与其自有资金账户之间，应当完全隔离，不得相互划转资金。

客户在期货交易中透支、穿仓导致保证金不足时，期货公司应当及时以自有资金补足保证金，不得占用其他客户的保证金。以自有资金补足保证金时，应当通过专用自有资金账户调入在主办存管银行开立并指定的保证金账户。期货公司应当依据相关法规允许的结算方式从保证金账户为客户出金，不得将保证金划至自有资金账户后再从自有资金账户向客户出金。期货公司为客户办理出金时，收款人账户名称应当与出金客户名称一致。根据中国证监会其他业务规则名称无法一致的部分特殊法人客户等除外。因有权机关强制执行、企业注销、法定继承等特殊情形，期货公司需要将客户资金从保证金封闭圈划转至与客户名称不一致的账户时，期货公司应当履行审核职责，并向监控中心出具情况说明及涉及的证明材料。客户存取保证金应当通过开立在同一存管银行的期货结算账户与期货公司保证金账户之间以同行转账形式办理，不得通过现金收付或者期货公司内部划转的方式办理。

监控中心根据存管银行、期货交易所及其他期货结算机构报送的保证金封闭圈内的资金数据，对下列事项进行每日稽核：①期货公司报送的客户权益。期货公司保证金封闭圈内资金余额应当大于或者等于当期所有客户权益。②期货公司在保证金封闭圈内的自有资金。期货公司保证金封闭圈内自有资金余额应大于或者等于自有资金最低监管要求。③中国证监会规定的其他事项。

监控中心应当按照期货保证金监管相关规定向期货公司所在地中国证监会派出机构通报稽核发现的异常情况,并报告中国证监会。派出机构应当按照期货保证金监管相关规定进行核查和处置,并向监控中心通报核查和处置情况。期货公司应当对保证金封闭圈资金情况及客户权益数据进行每日测算,并留存测算结果备查。存管银行应当在系统中对保证金账户进行特殊标识,并在相关网络查控等平台中作出限制整体冻结设置。在收到有权机关对保证金账户的冻结、扣划指令时,应当提示账户资金的特殊性质以及账户不得被整体或者超出涉案金额范围冻结、扣划等安排。保证金账户发生冻结、扣划情况的,存管银行应当及时向监控中心报告。存管银行应当对期货公司保证金封闭圈资金划转进行监督,发现期货公司存在违规划转保证金等行为的,应当立即向期货公司所在地中国证监会派出机构及监控中心报告。存管银行、期货交易所及其他期货结算机构发现期货公司保证金封闭圈内资金出现重大异常情况时,应当立即向期货公司所在地中国证监会派出机构及监控中心报告。中国证监会及其派出机构、监控中心、存管银行、期货交易所及其他期货结算机构工作人员应当对期货公司保证金的情况保密。

期货公司有下列行为之一的,中国证监会及其派出机构可以区别情形,对期货公司、期货公司负有责任的董事、监事、高级管理人员以及其他直接责任人员采取《条例》和《期货公司监督管理办法》规定的相关监管措施:①不按照规定在存管银行开立保证金账户、专用自有资金账户;②不按照规定将保证金与期货公司自有资金相互独立、分别管理;③在保证金封闭圈之外存放保证金;④不按照规定变更或者撤销保证金账户,或者不按照规定方式向客户披露保证金账户信息;⑤通过主办存管银行专用自有资金账户以外的账户划拨自有资金进出保证金封闭圈;⑥擅自为客户出金到登记的期货结算账户以外的账户;⑦向监控中心报送的信息存在虚假记载、误导性陈述或者重大遗漏;⑧挪用、占用保证金;⑨中国证监会认定的其他违反规定的行为。

存管银行有下列行为之一的,中国证监会及其派出机构可以对存管银行采取责令改正的监管措施。存管银行未能改正,情节严重的,中国证监会及其派出机构可以建议期货交易所按照业务规则解除与其签订的期货保证金存管业务协议:①不按照监控中心数据报送要求及时、准确、完整报送相关文件信息;②不按照规定及时维护保证金账户信息;③不按照规定对保证金账户进行特殊标识,并有效履行保证金账户性质提示义务及审核职责,导致保证金账户被有权机关以未经相关法律法规允许的方式进行冻结或者扣划资金;④对已发现的期货公司违规划转保证金等行为未及时向中国证监会派出机构及监控中心报告;⑤参与以质押等方式变相挪用客户保证金;⑥伪造并报送虚假保证金账户余额、出入金、汇兑等数据信息;⑦中国证监会认定的其他违反规定的行为。

4.2.2　期货结算制度

1. 期货交易所的结算职能

所谓结算,是指根据期货交易所公布的结算价格对交易双方的交易结果进行的资金清算和划转。结算制度是期货交易安全高效运行的核心，也是风险控制的关键。

期货交易的结算，由期货交易所统一组织进行。承担期货结算职责的期货交易所是期货交易的中央对手方（CCP），自期货交易达成后介入期货交易双方，成为所有买方的卖方和所有卖方的买方，承继双方在期货交易中的权利和义务，为期货交易提供集中履约保障。《期货交易所管理办法》规定，期货交易实行当日无负债结算制度。期货交易所在规定的交易时间结束后，对应收应付的款项实行净额结算。

1）中央对手方制度的形成

直接结算、环形结算和结算机构结算是结算方式的三个发展阶段，中央对手方结算是结算机构结算的一种。直接结算是金融市场最为古老且最为基础的结算方式之一。在直接结算方式下，投资者如对其持仓按净额结算，须将其一笔或多笔交易与其原始的交易对手进行冲抵之后才能得出净额。这是一种非常麻烦和低效的结算方式，投资者由此产生的纠纷也时有发生，往往需要昂贵、烦琐的法律程序加以解决。尽管在最初使用时，直接结算方式获得了成功，但在价格波动较大时，则显得无能为力，且效率较低。至 19 世纪末，随着金融市场发展，特别是交易量迅猛增加，一种更为灵活的结算方式——环形结算应运而生。该结算方式的最大进步在于，投资者不必局限于只能与最初的交易对手了结交易持仓。众多的买方和卖方被连成了一个环形，在结算时对他们的账户进行同时结算。这是在结算系统的演变过程中，向多边结算系统迈出的重要一步。为了更好实现风险监控，芝加哥期货交易所（CBOT）在 1883 年建立了结算所。但该结算所在相当长的一段时间内并不是真正的中央对手方，只是为减少交易成本，为会员提供净额结算债权债务、保证金划转和交割服务。如果出现会员违约，结算所也无须代为履行。然而，随着会员对交易对手信用风险的关注与日俱增，他们更希望每笔合约不因交易对手的资信水平各异，而影响期货交易的安全持续进行。在此背景下，CBOT 于 1925 年设立了第一个真正意义上的中央对手方结算机构——芝加哥期货交易所结算公司（BOTCC）。BOTCC 被设计成为所有交易者的交易对手，即同时作为所有买方的卖方和所有卖方的买方。目前，全球期货交易所已普遍采用了中央对手方结算模式。

2）中央对手方的法律属性

一般认为，中央对手方通过合约更替、公开要约等法律安排成为交易者的对手方。合约更替是指买卖双方的原始合约被买方与中央对手方之间的合约以及卖方与中央对手方之间的合约分别替代，原始合约也随之撤销。完成合约更替后，原始合约的买卖双方对彼此的履约责任就消失了，取而代之是买卖双方各自对中央对手方的履约责任，替代合约正式发挥法律效应。公开要约是指当买方和卖方在公开市场中达成交易时，中央对手方直接、自动介入此交易，取得合约对手方法律地位。它与合约更替的最大区别在于，在都满足合约条款的前提下，公开要约制度下不存在买方与卖方的原始合约关系。这两种法律安排为中央对手方结算制度提供了理论基础。

综上，可以将中央对手方制度的要义概括为两点：①中央对手方作为合约对手方，享有合约权利、承担合约义务；②中央对手方在任何情况下都必须保证合约的正常履行，即使买方或卖方中任何一方不能履约，中央对手方也必须首先对守约方履行合约义务，然后再向违约方追究责任。

3）中央对手方制度的优势

一是降低信息成本和信息风险，提高市场活跃性。在中央对手方模式下，中央对手方会以平等的方式对待和监督市场中的所有交易者，以确保其符合要求并履行义务，市场参与者无须再花费时间和精力去评估其交易对手方的信用。市场参与者只需判断中央对手方的信用高低，而不需担心交易对手方的信用，另一交易方是谁不再重要。同时，中央对手方通过设置会员准入标准保证了市场参与者的信用良好，通过各种风险管理手段对交易者进行持续严密监控，降低了市场的整体信用风险。由此，市场参与者获得了信息成本和信用风险降低的好处，能更无后顾之忧地参与市场交易，提高市场交易活跃性。

二是提供资金保障，降低市场流动性风险。中央对手方的"保证合约履行"职责，要求中央对手方在遇到因市场价格变动或会员信用风险等因素导致流动性风险的情况下，以会员或自身财务资源进行流动性清偿，其后再向相关方进行追偿。在分散化的市场上，一旦出现一个投资者违约，就可能产生一系列的传导影响，造成较严重的流动性危机。而一个组织结构严密、管理有序的中央对手方可以提供足够的赔偿资金，不需特定的投资者单独承担风险。中央对手方一般通过保证金制度、结算担保金制度、风险准备金制度以及取得银行授信等方式，取得充足的财务资源，为市场提供有力的资金保障，降低市场流动性风险。

三是降低运营成本，提高结算效率。中央对手方的匿名交易、多边净额结算和风险管理方法能显著降低经营成本，为整个市场的良性发展起到至关重要的作用。中央对手方的引入有利于市场平稳运行，有利于市场长期发展。有序、高效的结算运行有助于节约后台的成本。一个运行良好、资金保障充足的中央对手方会在一定程度上遏制系统性风险。

需要说明的是，中央对手方制度并非消除市场的信用风险，而是重新分配信用风险，将单一对手方面临的信用风险替换为中央对手方的信用风险。其潜在影响是，中央对手方将市场各方的信用风险聚集于一身，一旦自身风险

扩展阅读 4.1　中国期货市场的合格中央对手方

管理出现问题，将造成极其严重的市场危机。因此，加强期货交易所的风险管理，防范中央对手方风险，一直是期货市场建设的重中之重。

2. 结算模式

我国期货市场的结算模式分为全员结算制和会员分级结算制两种。上海期货交易所、郑州商品交易所、大连商品交易所的会员均具有与期货交易所进行结算的资格，其结算模式被称为全员结算制度。中国金融期货交易所的会员由结算会员和非结算会员组成，其结算模式被称为会员分级结算制度。期货交易所实行全员结算制度或者会员分级

结算制度，应当事前向中国证监会报告。

实行全员结算制度的期货交易所会员由期货公司会员和非期货公司会员组成。期货公司会员按照中国证监会批准的业务范围开展相关业务；非期货公司会员不得从事《条例》规定的期货公司业务。实行全员结算制度的期货交易所对会员结算，会员对其受托的客户结算。实行会员分级结算制度的期货交易所会员由结算会员和非结算会员组成。结算会员具有与期货交易所进行结算的资格，非结算会员不具有与期货交易所进行结算的资格。期货交易所对结算会员结算，结算会员对非结算会员结算，非结算会员对其受托的客户结算。结算会员由交易结算会员、全面结算会员和特别结算会员组成。全面结算会员、特别结算会员可以为与其签订结算协议的非结算会员办理结算业务。交易结算会员不得为非结算会员办理结算业务。实行会员分级结算制度的期货交易所可以根据结算会员资信和业务开展情况，限制结算会员的结算业务范围，但应当于 3 日内报告中国证监会。

境外市场期货结算体系多以分级结算模式为主。第一层次是对结算会员的结算。结算会员由实力雄厚的交易会员组成，大部分是大的实业集团或金融机构，有较强的经济实力和较高的资信水平，组织机构健全，营运状况良好，他们代理非结算会员与交易所进行结算，同时也承担非结算会员的市场风险。第二层次是结算会员与非结算会员之间的结算。结算会员负责管理和控制非结算会员的风险，非结算会员承担着为所代理客户履约的责任。第三层次是非结算会员与客户之间的结算，非结算会员要对客户的交易风险进行管理和控制，以免客户出现风险、遭受损失。当然，结算会员也可以直接对客户结算。三个层次结算，使市场风险在多个结算环节中层层分散与化解，各结算层次因承受着一定的风险压力而努力管控风险，使得市场风险集中爆发的可能性更小。

关于期货公司结算制度的规定主要集中于结算程序、资金存管安全和违约处置等方面。在结算程序上，要求期货公司在每日交易闭市后对客户进行当日结算，并应当将结算结果按照与客户约定的方式及时通知客户。在资金存管安全上，规定期货公司应当在期货保证金存管银行开立期货保证金账户，应当将客户的保证金与期货公司的自有资产相互独立、分别管理，除依据客户的要求支付可用资金、为客户交存保证金、支付手续费和税款等，严禁将客户交纳的保证金挪作他用。在违约处置上，规定当客户在期货交易中违约时，期货公司先以该客户的保证金承担违约责任。保证金不足的，期货公司应当以风险准备金和自有资金代为承担违约责任，并由此取得对该客户的相应的追偿权。

4.2.3　期货交割制度

交割，是指合约到期时，按照期货交易所的规则和程序，交易双方通过该合约所载标的物所有权的转移，或者按照规定的结算价格进行现金差价结算，了结到期未平仓合约的过程。期货交割是期货市场正常和健康的基础保证，通过交割，期货价格最终与现货价格趋于一致，使期货市场与现货市场得到连通，期货价格反映现货市场基本情况，期货市场起到发现价格的作用。

1. 交割方式

在期货交易中，有对冲平仓和交割两种方法可以用来解除或了结履约义务。大多数交易者往往选择对冲平仓了结履约义务，交割并非期货交易的必经程序，在发达商品期货市场上交割量一般不超过交易量的 5%。但交割作为连接期货与现货市场的纽带，是促使期货价格和现货价格趋向一致的制度保证。当发生期货价格偏离现货价格时，交易者就会在期货和现货两个市场间进行套利交易。当期货价格过高而现货价格过低时，交易者在期货市场上卖出期货合约，在现货市场上买进标的商品。由此，现货需求增多，带动现货价格上涨，期货合约供给增多，带动期货价格下降，期现价差缩小。当期货价格过低而现货价格过高时，交易者在期货市场上买进期货合约，在现货市场卖出标的商品。这样，期货需求增多，期货价格上涨，现货供给增多，现货价格下降，期现价格趋于一致，期货价格能够更好反映现货市场基本情况，从而发挥价格发现的作用。

根据客体不同，交割方式可分为实物交割和现金交割。目前，商品期货和国债期货采用实物交割，即交易双方通过该期货合约所载商品所有权的转移，了结到期未平仓合约的过程。股指期货采用现金交割，即交易双方是按照期货交易所规定的结算价格来计算未平仓合约的盈亏，以现金支付的方式，了结到期未平仓合约的过程。简单说，实物交割最终交割的是商品本身；现金交割则到期强行平仓直接将盈亏划到投资者的账户。

采用实物交割的，期货交易所负责货款与标准仓单等合约标的物权利凭证的交付，以及标准仓单的登记。采用标准仓单以外的单据凭证或者其他方式进行实物交割的，期货交易所应当明确规定交割各方的权利和义务。期货交易的实物交割应当在期货交易所指定的交割仓库、交割港口或者其他符合期货交易所要求的地点进行。从事国债等有价证券登记业务的机构依法办理与有价证券作为保证金、交割有关业务时，应当根据期货交易所的指令，依照其业务规则进行。

具体而言，实物交割又可细分为一次性交割、滚动交割和期转现交割等形式。

（1）一次性交割。一次性交割是指到期合约在规定的交割期内进行集中的、一次性的实物交割，又称为集中交割。这种交割方式简单、明了，但有时间局限性。

（2）滚动交割。滚动交割是指进入交割月后，持有交割月合约及标准仓单的卖方可在任何交易日交割，按多头建仓先后自动配对。其特点是对交易的流动性有促进作用，但是对买方的要求较高。

（3）期转现交割。期转现交割是指买卖双方场外达成协议后，将期货头寸转为现货头寸，进行交割。期转现业务长期以来作为一种更加灵活的交割方式而存在，使交易双方能够获得更符合实际需求的商品、更便利的交货地点、更有信心的交货方，甚至更加灵活的交割时间，是一次性交割的有益补充。

2. 交割仓库的规范运营

《条例》规定，期货交易的交割，由期货交易所统一组织进行，交割仓库由期货交易所指定。期货交易所不得限制实物交割总量，并应当与交割仓库签订协议，明确双方的权利和义务。期货交易所作为期货市场的组织者，对期货交易的各环节都应当进行合理的组织和管理，其中包括实物交割这一重要环节。期货交易所负责指定进行实物交割的交割仓库，就是期货交易所统一组织实物交割的重要体现。期货交易所在指定交割仓库时，需要考虑多种因素，包括保持一定数量的交割仓库、注意交割仓库的地区分布、注意交割仓库的软硬件设施等。在指定交割仓库之外，期货交易所还应当选择一定数量符合条件的仓库作为交割仓库的备用库。备用库在成为交割仓库前，期货交易所不得允许其办理期货交割业务。

期货交易所不得限制实物交割总量，只要商品符合交割标准，都应当允许投资者进行交割，不得以任何理由限制实物交割。期货交易涉及商品实物交割的，期货交易所还应当发布标准仓库数量和可用库容情况，以增加期货市场透明度，引导投资者理性交易。期货交易所应当对交割仓库期货交割业务进行年审，并将年审材料报告中国证监会。必要时，中国证监会可以对交割仓库进行现场检查，要求交割仓库直接报送有关资料。

《条例》规定，交割仓库不得有下列行为。

（1）出具虚假仓单。标准仓单是指交割仓库开具并经期货交易所认定的标准化提货凭证。交割仓库出具的仓单不仅要符合形式要件（必须按照期货交易所规定的程序，并经期货交易所认定），还必须符合实质要件（商品的内在品质必须符合该期货合约上规定的交割质量标准），否则即为虚假仓单。

（2）违反期货交易所业务规则，限制交割商品的入库、出库。期货交易所应当与交割仓库签订协议，明确双方的权利义务。其中，交割仓库最重要的义务之一就是按照期货交易所的规定，做好交割商品的入库和出库。如果交割仓库限制交割商品的入库和出库，那么仓单的合法持有人就难以实现自己的物权，结果势必严重影响实物交割的顺利进行。

（3）泄露与期货交易有关的商业秘密。交割仓库有其业务和地位的便利条件，可能会了解和知悉某些与期货交易有关的商业秘密，如有关期货交易的客户资料、客户业务经营情况、有关交割商品的供求状况等，这些商业秘密如果泄露出去，也可能严重影响期货市场的正常运行，因此必须严禁外泄。

（4）违反国家有关规定参与期货交易。仓储机构一旦被期货交易所指定为交割仓库以后，就成为持有到期未平仓期货合约的买卖双方实现实物交割的中介。一些特定的交割仓库违反国家规定参与期货交易，那么其凭借自己知悉有关商业秘密的便利条件和地位，很容易有条件影响甚至控制期货市场价格，进而影响期货市场的正常运行。因此，严禁交割仓库违反国家有关规定参与期货交易。

（5）中国证监会规定的其他行为。为避免列举不周和适应未来市场可能发生的变化，《条例》还赋予中国证监会可以根据实际情况的需要而增加规定交割仓库禁止性行为的权力。例如在我国期货市场对外开放相关政策、法律法规出台前，禁止境外期货交易所及境外其他机构在境内指定或者设立商品期货交割仓库，以及从事其他与商品期货交割业务相关的活动。

4.3　期货市场风险控制

4.3.1　主要风险类型和风险环节

1. 风险与风险类型

关于风险的定义，理论界和实务界均有不同的观点。一般来说，风险是指在某一特定环境下，某一特定时间段，某种损失发生的可能性。其特点在于不确定性和负面性。而风险控制就是指管理者采取各种措施和方法，减少和消除风险事件发生的各种可能性，或者降低风险事件发生时造成的损失。

根据风险成因、来源来看，可将金融机构的风险划分为以下几种类型：①市场风险，又称价格风险，是由资产的市场价格变化或波动而引起的未来损失的可能性。②信用风险，是指交易对手不能或不愿履行合约约定的条款而导致损失的可能性。③流动性风险，是指由于市场规模的限制不得不在价格上作出重大让步才能购买或出售某个金融工具的风险。流动性风险可以被看作各种风险的综合表现，往往市场风险和信用风险的发生就可能引发流动性风险。④操作风险，是由于系统和程序错误而产生损失的风险，包括业务执行和后台操作出现的一系列相关问题。这些风险可能来源于工作人员、电脑系统等。⑤法律风险，是指机构可能面临法律制裁或遭遇诉讼的可能性。

2. 加强风险控制的原因

期货交易的特性决定了必须将风险控制作为市场建设的永恒主题，主要原因在于：一是期货市场作为风险管理的场所，也是风险的集聚地。期货交易品种本身即具有频繁波动的必然性和大幅波动的可能性，加之杠杆交易放大盈亏的市场效果，价格风险时有发生。二是非理性投机乃至过度投机活动的存在。与现货市场相比，期货市场不仅同样存在市场风险、违约风险等，还由于其特有的杠杆性、投机性、远期性，容易产生新的风险，为此需要建立更有效、更精准的风险控制制度。

需要强调的是，由于期货交易的连续性和期货市场的广泛性，几乎没有任何环节可以离开风险控制。从期货交易的角度来看，存在着代理风险、交易风险、结算风险、交割风险等；而就市场整体而言，风险还可能存在于产品设计、现货行情、政策及舆情影响等方方面面。总之，风险伴生于期货交易全流程，风险控制也应贯穿于期货交易的各环节，延伸至期货市场的各方面。

4.3.2　主要风险管理制度

《条例》规定，期货交易所应当按照国家有关规定建立、健全下列风险管理制度：①保证金制度；②当日无负债结算制度；③涨跌停板制度；④持仓限额和大户报告制度；⑤风险准备金制度；⑥结算担保金制度；⑦中国证监会规定的其他风险管理制度。具体内容如下。

1. 保证金制度

我国期货交易所对期货保证金按性质与作用的不同分为交易保证金和结算准备金两大类。交易保证金是会员或客户在期货交易中因持有期货合约而实际支付的保证金,它又分为最低交易保证金和梯度交易保证金两类。梯度交易保证金又因持仓的不同数量和市场运行的不同阶段而制定不同的交易保证金收取标准。当市场风险发生紧急情况时,期货交易所可以采取提高保证金的措施,增强期货交易所化解风险的财务基础。结算准备金是指会员为了交易结算在期货交易所专门结算账户中预先准备的资金,是未被合约占用的保证金。结算准备金的最低余额由期货交易所规定。

2. 当日无负债结算制度

期货交易不同于现货交易,是买卖期货合约的行为,且由于采用杠杆交易机制,交易者如果风险控制不力,会发生严重亏损甚至爆仓。期货交易所作为期货合约的担保履行方,一旦交易的一方亏损而其保证金账户中的资金不足以承担履约责任,期货交易所就要代为承担履约责任。为了有效控制这一风险,期货交易所每天都要对其会员结算,并将盈亏情况通知每一个会员,同时对保证金低于规定标准的会员发出追加保证金的通知,如果会员未能在开市前按要求及时补足保证金,即在开市后对其交易采取限制开仓直至强行平仓的措施。这就是无负债结算制度。无负债结算制度保证了每一位会员的保证金账户盈亏都能够得到及时、具体、真实的反映,有利于期货交易所准确、及时掌握会员的最新资信情况。这里采用当日无负债结算的表述,除了用词更加准确外,主要是为期货交易所今后每日可能进行多次结算解除了限制,使期货交易所能够将会员的负债现象限制在更短时间内,从而能更好地防范风险。

3. 涨跌停板制度

我国期货交易所对各品种合约实行严格的涨跌停板制度。期货交易所制定各上市期货合约的每日最大价格波动幅度,即期货合约在一个交易日中的成交价格不能高于或低于该合约上一交易日结算价为基准的某一涨跌幅度,超过该范围的报价将视为无效,不能成交。涨跌停板可以限制合约价格的波幅,适当调整涨跌停板幅度,可以控制市场价格的波动范围或幅度,将风险控制在一定的范围内,降低风险的危害程度。当合约价格出现连续涨跌停板、遇国家法定长假、期货交易所认为有必要等情况时,期货交易所可以调整涨跌停板幅度。

4. 持仓限额制度

我国期货交易所采取绝对值限仓和比例限仓相结合的方式。针对一般月份和交割月份、会员和客户、不同上市品种采取不同的持仓限额标准。我国各期货交易所在合约上市交易的一般月份(交割月份前一个月以前的月份)期间的限制方式有所区别。郑州商品交易所和大连商品交易所从该合约的市场总持仓量达到一定规模起,按市场总持仓量的一定比例确定限仓数额;在该合约的市场总持仓量达到该规模前,该合约限仓数额以绝对量方式规定。上海期货交易所在合约上市交易的一般月份期间,在合约的市场总持仓量达到一定规模前,对所有品种合约都不限仓。当合约的市场总持仓量达到一定规模,对铜、铝、锌、螺纹钢、线材等品种按市场总持仓量的一定比例确定限仓数额,对铅、天然橡胶、燃料油等品种则按市场总持仓量的一定比例对期货公司会员确定限仓数额,而对非期货公司会员和客户按绝对量方式确定限仓数额。对于套期保值客户按实际批准的头寸执行。对会员或者客户最大持仓量的限制,是防范大户操纵期货市场的有效措施。在发生操纵市场等异常情况时,期货交易所调低限仓标准,可以一定程度上限制大户操纵市场的行为。

5. 大户报告制度

当会员或者客户的持仓达到期货交易所规定标准时,会员或者客户应向期货交易所报告其资金情况、持仓情况,客户须通过会员报告。期货交易所根据监测系统分析市场风险,调整限仓额度。同时,根据实际情况,会员或者客户可以向期货交易所提出申请,经期货交易所审核后调整会员或者客户的限仓额度。上海期货交易所、郑州商品交易所、大连商品交易所均规定,当会员或者客户某品种合约上持有的投机持仓达到期货交易所对其规定的投机持仓限额的 80%及以上时,启动大户报告制度。

6. 风险准备金、结算担保金等构成的"违约瀑布"

(1)风险准备金是期货交易所从手续费收入中按照一定比例提取的,作为期货交易所履约担保时的备付资金。期货交易所作为期货交易活动的组织者,对期货交易的买卖双方均具有担保期货合约履行的责任。期货交易所承担责任的能力,不仅直接影响到其能否代违约会员承担责任,以确保交易的另一方会员的盈利不会因该会员违约而落空,而且关系到投资者对期货市场的信心。为增强期货交易所担保履约的能力,降低期货交易中的信用风险,中国证监会和财政部规定期货交易所必须提取其手续费收入的 20%作为风险准备金。风险准备金只能用于应对市场风险,不得挪用。风险准备金制度的建立健全,为期货交易所承担履约责任确保了稳定的资金来源,大大增强了期货交易所的履约能力,使之不至于因担保履约而在财力上遭受重创甚至破产。

(2)结算担保金制度是实行会员分级结算的期货交易所特有的一种风险控制制度。结算担保金由全体结算会员向期货交易所缴纳,用于应对结算会员违约风险。结算担保金归结算会员所有,期货交易所应当按照有关规定管理和使用,不得挪作他用。结算担保金包括基础结算担保金和变动结算担保金。期货交易所调整基础结算担保金标准的,应当在调整前报告中国证监会。

(3)"违约瀑布"(default waterfall)的构成及应用。

根据《条例》和《期货交易所管理办法》相关规定,实行全员结算期货交易所中,会员在期货交易中违约的,期货交易所先以该会员的保证金承担违约责任;保证金不足的,期货交易所应当以该违约会员的自有资金、期货交易所风险准备金和期货交易所自有资金承担。期货交易所以期货交易所风险准备金和期货交易所自有资金代为承担责任后,由此取得对违约会员的相应追偿权。

实行分级结算期货交易所中，结算会员在期货交易中违约的，期货交易所先以该结算会员的保证金承担违约责任；保证金不足的，期货交易所应当以该违约会员的自有资金、结算担保金、期货交易所风险准备金和期货交易所自有资金承担。期货交易所以结算担保金、期货交易所风险准备金和期货交易所自有资金代为承担责任后，由此取得对违约会员的相应追偿权。

上述一系列应对违约事件发生的财务资源安排，犹如一条瀑布一样依次展开，而被动用的概率则相应减少，在境外市场上又被称作"违约瀑布"。

7. 强行平仓制度

我国期货交易所对各品种合约实行强行平仓制度，对执行强行平仓的条件进行了具体设定，可分为保证金不足的强行平仓、违规时的强行平仓、应急性强行平仓、盘中强行平仓等。期货交易所还对强行平仓的执行原则和实施程序进行了设定。强行平仓先由会员自己执行，时限除期货交易所特别规定外，一律为开市后第一节交易时间内。若该时限内会员未执行完毕，则由期货交易所强制执行。因结算准备金小于零而被要求强行平仓的，在保证金补足前，禁止相关会员的开仓交易。

期货公司为管控客户结算风险，也需要使用强行平仓措施。客户结算风险是指当市场价格波动异常剧烈时，客户持仓头寸发生亏损，客户保证金不足以弥补平仓亏损，产生客户爆仓。客户保证金账户的可用资金出现负数，按双方签订的经纪合同，期货公司有权追索客户所欠保证金。

为有效防范客户结算风险，期货公司引入了风险度等指标，用以刻画客户的风险水平。风险度=（客户持仓保证金/客户权益）×100%。当投资者的风险度≥100%时，期货公司向客户发出追加保证金通知书或强制平仓通知书，要求投资者在约定的时间内追加保证金或自行减少持仓，直至风险度小于100%。

如果客户在约定的时间内没有追加保证金或没有自行减仓，那么期货公司将对客户的持仓进行部分或全部强行平仓。强行平仓的数量标准是强平后客户的持仓保证金能完全满足期货交易所标准。期货公司在执行强行平仓时，是对客户持仓进行部分或全部强平，最低要求是按期货交易所标准平足。由于市场原因，期货公司执行强平，但强平指令无法成交，扩大的损失由客户自行承担。

8. 风险警示制度

期货交易所实行风险警示制度。期货交易所认为必要的，可以分别或同时采取要求会员和客户报告情况、谈话提醒、发布风险提示函等措施，以警示和化解风险。

4.3.3 异常情况处置

《条例》规定，当期货市场出现异常情况时（例如交易中发生操纵期货交易价格，发生地震、水灾、火灾、计算机系统故障或其他自然原因等不可抗拒的突发事件和中国证监会规定的其他情形），期货交易所可以按照其章程规定的权限和程序，决定采取以下紧急措施，并应当立即报告中国证监会：①提高保证金；②调整涨跌停板幅度；③限制会员或者客户的最大持仓量；④暂时停止交易；⑤采取其他紧急措施。异常情况消失后，期货交易所应当及时取消紧急措施。

《期货交易所管理办法》进一步明确了采取紧急措施的适用情形。在期货交易过程中出现以下情形之一的，期货交易所可以宣布进入异常情况，采取紧急措施化解风险：①地震、水灾、火灾等不可抗力或者计算机系统故障等不可归责于期货交易所的原因导致交易无法正常进行；②会员出现结算、交割危机，对市场正在产生或者即将产生重大影响；③出现同方向连续涨跌停板的，经采取调整涨跌停板幅度、提高交易保证金标准及按一定原则减仓等措施后仍未化解风险；④期货交易所交易规则及其实施细则中规定的其他情形。期货交易所宣布进入异常情况并决定采取紧急措施前应当报告中国证监会。

所谓异常情况是一种比较罕见的危急状态，因此需要采用非常规手段加以应对和化解市场风险。其中，提高保证金、调整涨跌停板幅度、限制会员或者客户的最大持仓量在期货市场日常监管中已有较多实践，而暂时停止交易则极少采取。

 扩展阅读 4.2　突遇新冠肺炎疫情期货夜盘暂停交易

本章习题

1. 简述推出期货法的意义。
2. 简述中央对手方制度的要义。
3. 论述期货交割仓库有哪些禁止性行为。

应对煤炭等商品期货价格大幅上涨，可以采取哪些市场调控措施？

自学自测　　扫描此码

第 5 章

期货市场监管的制度体系

【本章学习目标】

1. 了解我国期货市场"五位一体"的监管协调机制；
2. 理解中国证监会及各地证监局的行政监管职责；
3. 理解期货交易所的一线监管职责；
4. 理解中国期货业协会的自律管理职责；
5. 理解中国期货市场监控中心的辅助监管职责。

期货市场的"中国特色"——期货市场监控中心[①]

2004 年 8 月，总部位于四川成都的嘉陵期货公司董事长突然失踪，揭开了嘉陵期货公司挪用客户保证金违法违规行为的盖子。当年，嘉陵期货公司由于自营期货出现巨大亏损，挪用存放在期货公司账户上的 8 000 万元客户保证金来弥补资金缺口，后来缺口越来越大，弥补不了，公司弃仓而逃。事情发生后，嘉陵期货公司被关停，主要负责人也被判刑入狱，投资者纷纷上访找政府要求赔偿。最后，在中国期货投资者保障基金的介入下，历时 5 年，客户保证金补偿清退和风险处置工作才得以完成。该事件暴露出当时存放在期货公司处的客户保证金监管并不严格，名义上期货公司对客户保证金进行封闭运行，但实际上仅仅是在账面处理上进行了隔离，期货公司挪用客户保证金的情况经常发生。为了对付监管部门现场检查，期货公司往往临时拆借一笔钱，把保证金挪用的缺口堵上。监管人员一走，钱马上就从账户上消失，缺口依旧，风险洞开。这给监管层在制度运行上敲响了警钟，客户的钱怎么才能更好地进行保护，怎么看住客户的钱？当时不仅期货市场如此，证券市场也如此。后来，证券市场采用了银行第三方存管的方式把客户的钱从证券公司移放到了银行，解决了证券公司可能挪用的问题。而期货市场因为要逐日盯市，客户保证金仍然放在期货公司账上，但必须有看得住、保证不被挪用的工具。

为此，中国证监会专门设立中国期货保证金监控中心，汇集、比对期货公司、期货交易所和存管银行三方提交的数据，从而把客户资金看得一清二楚，相当于在公路上装

① 姜洋. 发现价格：期货和金融衍生品[M]. 北京：中信出版社，2018：443-445.

了摄像头，开车违规行为都将暴露在摄像头下，对挪用者形成了强大震慑，基本解决了长期困扰期货市场发展的期货公司挪用保证金的问题，为保护期货投资者权益提供了切实帮助。

从全球市场来看，监控中心的设立开创了世界衍生品市场监测监控的先河，是期货发展史特别是期货管理制度的一个创举，处于国际期货监管领先地位，已成为彰显中国特色和制度自信的"样板"。在重大金融风险防范过程中，监控中心通过对资金流动、交易流动和信息流动的统一监控，实现了跨市场风险监测和分析，使我国期货市场成功经受住了 2008 年国际金融危机、2015 年股市异常波动和 2018 年国际金融市场动荡的重重考验，在资本市场的监测监控中发挥着不可替代的作用。

监控中心也得到了来自世界银行、国际证监会组织等国际评估组织和监管同行的高度评价。CFTC、美国期货业协会、CME（芝加哥商业交易所）、世界交易所联合会均曾来访交流。但美国人想学却难以全学，因为 CFTC 没有办法让华尔街的大银行提供数据，银行不同意就干不成，只能要求美国期货业协会的会员提供银行出具的客户资金数据。投资者的钱很多是存放在银行的，银行不配合，CFTC 的数据就不全。因此，他们对中国期货市场的集中统一监管机制和保护投资者权益的巨大力度深表羡慕。

经历 30 多年的发展实践，我国期货市场已形成具有中国特色的，中国证监会及其派出机构、期货交易所、中国期货业协会、中国期货市场监控中心"五位一体"期货监管协调机制，为防范市场风险、打击违法违规行为提供了有力的制度保障。相关职责分工总体如下。

中国证监会负责监管政策和协调机制规则的制定，统筹协调期货市场监管，监督、指导证监局、期货交易所、中国期货市场监控中心和中国期货业协会履行监管职责和落实监管协作要求。

各地证监局负责辖区期货监管工作，包括：实施法律、行政法规规定和中国证监会授权的行政许可事项，配合中国证监会开展行政许可实地核查；负责期货保证金预警信息的核查和处理；负责辖区期货公司净资本监管工作；负责对辖区期货公司及其分支机构开展现场检查等。

期货交易所负责市场一线监管职责，包括：制定和完善一线监管规则；分析期货品种运行及风险情况，向市场提示重要风险；强化实际控制关系账户管理制度，落实看穿式监管要求；加强会员管理，督促其更好服务和管理客户；负责对期货公司会员、期货保证金存管银行、期货交割库等期货市场参与主体遵守自律规则情况进行现场检查。

中国期货业协会负责行业自律监管，包括：组织开展期货从业资格考试；持续开展期货行业培训和投资者教育；对期货公司及其子公司、期货从业人员等履行自律规则情况进行现场检查；对违规期货公司及其从业人员进行纪律惩戒；向监管部门反映行业诉求和建议等。

中国期货市场监控中心负责保证金安全存管监控和统一开户工作，独立开展全市场监测监控。

"五位一体"期货监管协调机制在借鉴发达市场行政监管与行业自律相结合的多层

次监管框架的基础上，充分发挥中国证监会派出机构辖区监管功能，以及中国期货市场监控中心"看穿式"监管优势，形成具有中国特色、体现制度自信的中国期货市场监管框架。

5.1 中国证监会及证监局的行政监管

根据《条例》的规定，中国证监会对期货市场实施监督管理，依法履行下列职责：①制定有关期货市场监督管理的规章、规则，并依法行使审批权；②对品种的上市、交易、结算、交割等期货交易及其相关活动，进行监督管理；③对期货交易所、期货公司及其他期货经营机构、非期货公司结算会员、期货保证金安全存管监控机构、期货保证金存管银行、交割仓库等市场相关参与者的期货业务活动，进行监督管理；④制定期货从业人员的资格标准和管理办法，并监督实施；⑤监督检查期货交易的信息公开情况；

扩展阅读 5.1 美国商品期货交易委员会的产生及现状

⑥对期货业协会的活动进行指导和监督；⑦对违反期货市场监督管理法律、行政法规的行为进行查处；⑧开展与期货市场监督管理有关的国际交流、合作活动；⑨法律、行政法规规定的其他职责。

5.1.1 制定规章、规则，并依法行使审批权

部门规章是由国务院所属部门在其职责范围内，对相关事项制定的规范性文件，是对法律和行政法规的具体化，也是我国重要的法律渊源。中国证监会作为国务院期货监督管理机构，为贯彻执行《条例》，制定出台了《期货交易所管理办法》《期货公司监督管理办法》《期货从业人员管理办法》《期货公司董事、监事和高级管理人员任职资格管理办法》等一系列部门规章。上述办法制定过程中，对《条例》确立的各项基本原则、业务规则和监管制度均予以充分体现，并注重在实际监管工作中予以落实，可操作性较强；同时积极借鉴全球最佳实践与欧美等发达市场的监管经验，逐步形成符合中国期货市场实际的监管制度规定。

除了上述部门规章之外，为了对期货市场实施有效的监管，中国证监会还制定和实施了一系列的规范性文件。例如，为了完善期货公司治理结构，加强内部控制和风险管理而制定的《期货公司首席风险官管理规定（试行）》以及为保护客户开户合法权益和维护市场秩序而制定的《期货市场客户开户管理规定》等规范性文件。这些规章和规范性文件共同构成了期货市场法规体系的重要组成部分，为中国证监会及各地证监局依法履职提供了制度保障。

中国证监会依法行使的审批权主要包括：①期货交易应当在依法设立的期货交易所或者中国证监会批准的其他期货交易场所进行。禁止在中国证监会批准的期货交易场所以外进行期货交易，禁止变相期货交易。设立期货交易所，由中国证监会审批。未经中国证监会批准，任何单位或者个人不得设立期货交易所或者以任何形式组织期货交易及其相关活动。②期货交易所制定或者修改章程、交易规则，上市、中止、取消或者恢复

交易品种等，都应当经中国证监会批准。③设立期货公司，应当经中国证监会批准，未经中国证监会批准，任何单位或者个人不得设立或者变相设立期货公司。④期货公司的设立、合并、分立、停业、解散或者破产，变更业务范围，变更注册资本且调整股权结构，新增持有 5%以上股权的股东或者控股股东发生变化等，应当经中国证监会批准。《条例》赋予中国证监会的审批权，中国证监会应当依照《条例》的规定行使，《条例》没有明确规定的，中国证监会不得自行设定行政审批。

5.1.2　对品种上市及交易、结算、交割活动进行监管

期货交易所的期货、期权产品，它们对实体经济的意义在于发现价格和套期保值的功能。不受监管的产品设计，往往会偏离服务实体经济的方向，成为赌博的筹码。监管就是要保证上市产品的设计有利于实体经济发展，不能成为期货交易所和会员自娱自乐的工具。因此，许多国家都对期货产品设计进行监管，要求产品的设计围绕和现货匹配度来进行。要统筹考虑产品设计包括的各项要素，兼顾各个方面有一定的平衡，使产品既要有充分适度的流动性，又要考虑价格发现、风险管理功能的发挥。期货监管机构一般要求期货交易所根据现货的市场化程度、生产规模、可交割性、市场流动性等综合因素来设计产品，这些因素与价格发现、套期保值及投资者的参与度都有很大关系。美国汲取 2008 年金融危机的教训，修改了《商品交易法》，新修订的法律更加强调期货、期权等衍生品上市需要监管机构核准的重要性，CFTC 有关负责人也表示"监管要从产品设计开始"。

5.1.3　对期货交易所、期货公司及其他期货经营机构等市场相关参与者的期货业务活动进行监管

《条例》规定，期货交易所是为期货交易提供场所，实施、组织和监督期货交易，实行自律管理的机构。未经国务院批准或中国证监会批准，任何单位或者个人不得设立期货交易场所或者以任何形式组织期货交易及其相关活动。我国期货交易所的发展经历了从迅速扩张到整理整顿再到规范发展的曲折道路。1990年，郑州粮食批发市场首次引入期货交易机制，标志着新中国期货市场的诞生。但当时国家对期货市场并没有统一的监管机构，对期货交易所设立也没有采取审批制。至 1995 年，全国各地已经建立了 15 家期货交易所，分布于北京、上海、郑州、大连、苏州、深圳等地。期货交易所过多，相互之间盲目竞争，市场交易秩序一度非常混乱。1998年，国家开始对期货市场进行清理和整顿，对这 15 家期货交易所进行了撤销合并，最后仅保留了上海期货交易所、郑州商品交易所和大连商品交易所三家期货交易所。1998年，国务院正式将期货交易所划归中国证监会直接管理。至 2006 年 9 月中国金融期货交易所设立，我国期货市场长期保持在四家期货交易所的稳定发展状态。2021 年 1 月，中国证监会批准广州期货交易所成立，进一步完善了我国期货市场体系，至此我国期货交易所数量增至五家。除设立审批外，《条例》还授权中国证监会监管期货交易所的相关业务活动，主要包括：①期

货交易所应当按照国家有关规定建立健全保证金制度、当日无负债结算制度、涨跌停板制度、持仓限额和大户持仓报告制度、风险准备金制度等风险管理制度，实行会员分级结算制度的期货交易所，还应当建立、健全结算担保金制度。②当期货市场出现异常情况时，期货交易所可以按照其章程规定的权限和程序，决定采取提高保证金、调整涨跌停板幅度、限制会员或者客户的最大持仓量、暂时停止交易等紧急措施，并应当立即报告中国证监会。这里的异常情况是指在交易中发生操纵期货交易价格的行为或者发生不可抗拒的突发事件以及中国证监会规定的其他情形。异常情况消失后，期货交易所应当及时取消紧急措施。

期货公司等期货经营机构是市场中介，它们是期货交易所会员，是连接投资者和期货交易所的中间人。为保护投资者利益，必须对期货公司进行监管。其主要内容包括：①设立审批。设立期货公司，应当在公司登记机关登记注册，并经中国证监会批准。未经中国证监会批准，任何单位或者个人不得设立或者变相设立期货公司，经营期货业务。②公司治理监管。期货公司应当按照明晰职责、强化制衡、加强风险管理的原则，建立并完善公司治理。期货公司与其股东、实际控制人及其他关联人在业务、人员、资产、财务等方面应当严格分开，独立经营，独立核算。未依法经期货公司股东会或者董事会决议，期货公司股东、实际控制人不得任免期货公司的董事、监事、高级管理人员，或者非法干预期货公司经营管理活动。期货公司向股东、实际控制人及其关联人提供服务的，不得降低风险管理要求。③业务监管。期货公司依法可以从事期货经纪业务、期货投资咨询业务、资产管理业务等，中国证监会要通过现场检查和非现场监管等方式，加强对上述业务规范开展的监督管理，保护投资者合法权益。

此外，中国证监会依法对期货交易所非期货公司结算会员、中国期货市场监控中心、期货保证金存管银行、交割仓库以及从事期货相关业务的会计师事务所、律师事务所、资产评估机构的期货业务活动进行监督管理。

5.1.4　对期货从业人员进行监管

期货公司等期货经营机构从事期货业务活动，其业务人员应当达到一定的业务水准，具有相应的业务资格，并遵守一定的行为准则，以使期货市场能够高效有序地运行。为此，中国证监会专门制定《期货从业人员管理办法》，主要内容包括：期货从业人员必须遵守有关法律、行政法规和中国证监会的规定，遵守中国期货业协会和期货交易所的自律规则，不得从事或者协同他人从事欺诈、内幕交易、操纵期货交易价格、编造并传播有关期货交易的虚假信息等违法违规行为。期货从业人员应当遵守下列执业行为规范：①诚实守信，恪尽职守，促进机构规范运作，维护期货行业声誉；②以专业的技能，谨慎、勤勉尽责地为客户提供服务，保守客户的商业秘密，维护客户的合法权益；③向客户提供专业服务时，充分揭示期货交易风险，不得作出不当承诺或者保证；④当自身利益或者相关方利益与客户的利益发生冲突或者存在潜在利益冲突时，及时向客户进行披露，并且坚持客户合法利益优先的原则；⑤具有良好的职业道德与守法意识，抵制商业贿赂,不得从事不正当竞争行为和不正当交易行为;⑥不得为迎合客户的不合理要求而损害社会公共利益、所在机构或者他人的合法权益;⑦不得以本人或者他人名义从事期货交易;⑧协会规定的其他执业行为规范。

期货公司的从业人员不得有下列行为:①以个人名义接受客户委托代理客户从事期货交易;②进行虚假宣传,诱骗客户参与期货交易;③挪用客户的期货保证金或者其他资产;④中国证监会禁止的其他行为。期货交易所的非期货公司结算会员的从业人员不得有下列行为:①利用结算业务关系及由此获得的结算信息损害非结算会员及其客户的合法权益;②代理客户从事期货交易;③中国证监会禁止的其他行为。期货投资咨询机构的从业人员不得有下列行为:①利用传播媒介或者通过其他方式提供、传播虚假或者误导客户的信息;②代理客户从事期货交易;③中国证监会禁止的其他行为。为期货公司提供中间介绍业务的机构的从业人员不得有下列行为:①收付、存取或者划转期货保证金;②代理客户从事期货交易;③中国证监会禁止的其他行为。

机构或者其管理人员对期货从业人员发出违法违规指令的,期货从业人员应当予以抵制,并及时按照所在机构内部程序向高级管理人员或者董事会报告。机构应当及时采取措施妥善处理。机构未妥善处理的,期货从业人员应当及时向中国证监会或者中国期货业协会报告。中国证监会和中国期货业协会应当对期货从业人员的报告行为保密。机构的管理人员及其他相关人员不得对期货从业人员的上述报告行为打击报复。

5.1.5　查处期货市场违法行为

期货市场主要违法行为包括:欺诈客户、市场操纵和内幕交易等。《条例》授权中国证监会依法查处上述违法行为,保障期货市场健康平稳运行。

1. 反操纵相关规定

任何单位或者个人有下列行为之一,操纵期货交易价格的,责令改正,没收违法所得,并处违法所得 1 倍以上 5 倍以下的罚款;没有违法所得或者违法所得不满 20 万元的,处 20 万元以上 100 万元以下的罚款:①单独或者合谋,集中资金优势、持仓优势或者利用信息优势联合或者连续买卖合约,操纵期货交易价格的;②蓄意串通,按事先约定的时间、价格和方式相互进行期货交易,影响期货交易价格或者期货交易量的;③以自己为交易对象,自买自卖,影响期货交易价格或者期货交易量的;④为影响期货市场行情囤积现货的;⑤中国证监会规定的其他操纵期货交易价格的行为。单位有上述所列行为之一的,对直接负责的主管人员和其他直接责任人员给予警告,并处 1 万元以上 10 万元以下的罚款。

近年来,中国证监会在监管工作中发现,一些交易者反复利用程序化交易工具或者自媒体平台,通过虚假申报、蛊惑、抢帽子、挤仓等方式操纵期货交易价格,扰乱期货市场秩序。此类行为尚未被《条例》明确禁止,呈现多发态势,为此证监会于 2019 年11 月发布《关于〈期货交易管理条例〉第七十条第五项"其他操纵期货交易价格行为"

的规定》，认定以下行为构成操纵期货交易价格：①不以成交为目的，频繁申报、撤单或者大额申报、撤单，影响期货交易价格或者期货交易量，并进行与申报方向相反的交易或者谋取相关利益的；②编造、传播虚假信息或者误导性信息，影响期货交易价格或者期货交易量，并进行相关交易或者谋取相关利益的；③对合约或合约标的物作出公开评价、预测或者投资建议，影响期货交易价格或者期货交易量，并进行与其评价、预测或者投资建议方向相反的期货交易的；④在临近交割月或者交割月，利用不正当手段规避持仓限制，形成持仓优势，影响期货交易价格的。

2. 反内幕交易相关规定

期货交易内幕信息的知情人或者非法获取期货交易内幕信息的人，在对期货交易价格有重大影响的信息尚未公开前，利用内幕信息从事期货交易，或者向他人泄露内幕信息，使他人利用内幕信息进行期货交易的，没收违法所得，并处违法所得 1 倍以上 5 倍以下的罚款；没有违法所得或者违法所得不满 10 万元的，处 10 万元以上 50 万元以下的罚款。单位从事内幕交易的，还应当对直接负责的主管人员和其他直接责任人员给予警告，并处 3 万元以上 30 万元以下的罚款。中国证监会、期货交易所和期货保证金安全存管监控机构的工作人员进行内幕交易的，从重处罚。所谓内幕信息，是指可能对期货交易价格产生重大影响的尚未公开的信息，包括：中国证监会以及其他相关部门制定的对期货交易价格可能发生重大影响的政策，期货交易所作出的可能对期货交易价格发生重大影响的决定，期货交易所会员、客户的资金和交易动向以及中国证监会认定的对期货交易价格有显著影响的其他重要信息。所谓内幕信息的知情人员，是指由于其管理地位、监督地位或者职业地位，或者作为雇员、专业顾问履行职务，能够接触或者获得内幕信息的人员，包括：期货交易所的管理人员以及其他由于任职可获取内幕信息的从业人员，中国证监会和其他有关部门的工作人员以及中国证监会规定的其他人员。

3. 反欺诈相关规定

期货公司有下列欺诈客户行为之一的，责令改正，给予警告，没收违法所得，并处违法所得 1 倍以上 5 倍以下的罚款；没有违法所得或者违法所得不满 10 万元的，并处 10 万元以上 50 万元以下的罚款；情节严重的，责令停业整顿或者吊销期货业务许可证：①向客户做获利保证或者不按照规定向客户出示风险说明书的；②在经纪业务中与客户约定分享利益、共担风险的；③不按照规定接受客户委托或者不按照客户委托内容擅自进行期货交易的；④隐瞒重要事项或者使用其他不正当手段，诱骗客户发出交易指令的；⑤向客户提供虚假成交回报的；⑥未将客户交易指令下达到期货交易所的；⑦挪用客户保证金的；⑧不按照规定在期货保证金存管银行开立保证金账户，或者违规划转客户保证金的；⑨中国证监会规定的其他欺诈客户的行为。期货公司有上述行为之一的，对直接负责的主管人员和其他直接责任人员给予警告，并处 1 万元以上 10 万元以下的罚款；情节严重的，暂停或者撤销期货从业人员资格。任何单位或者个人编造并且传播有关期货交易的虚假信息，扰乱期货交易市场的，依照上述规定处罚。

5.2　期货交易所的一线监管

所谓一线监管，语义上有贴近市场一线、实时监控市场的意思。相比之下，行政监管往往更注重事中、事后的案件查处，正如同美国第二任证监会主席威廉·道格拉斯形象地描述，行政监管就是"政府拿着猎枪，站在门口，子弹上膛、抹好油、拉开枪栓，随时准备开枪，但期望永远不开火"。根据《条例》《期货交易所管理办法》和期货交易所相关业务规则，期货交易所一线监管主要涉及会员管理、交易行为管理等内容，同时一线监管也为中国证监会及其派出机构防范和打击市场操纵、内幕交易等违法行为提供了有力支持。

5.2.1　会员管理

期货交易所首先是期货市场的自律管理组织，依据《条例》《期货交易所管理办法》有关规定，履行会员管理职责。

1. 会员资格

期货交易所会员应当是在中华人民共和国境内登记注册的法人或者非法人组织。取得期货交易所会员资格，应当经期货交易所批准。期货交易所批准、取消会员的会员资格，应当向中国证监会报告。期货交易所应当制定会员管理办法，规定会员资格的取得与终止的条件和程序、对会员的监督管理等内容。

2. 会员权利和义务

会员制期货交易所会员享有下列权利：①参加会员大会，行使选举权、被选举权和表决权；②在期货交易所从事规定的交易、结算和交割等业务；③使用期货交易所提供的交易设施，获得有关期货交易的信息和服务；④按规定转让会员资格；⑤联名提议召开临时会员大会；⑥按照期货交易所章程和交易规则行使申诉权；⑦期货交易所章程规定的其他权利。

公司制期货交易所会员享有下列权利：①在期货交易所从事规定的交易、结算和交割等业务；②使用期货交易所提供的交易设施，获得有关期货交易的信息和服务；③按照交易规则行使申诉权；④期货交易所交易规则规定的其他权利。

会员制期货交易所会员应当履行下列义务：①遵守国家有关法律、行政法规、规章和政策；②遵守期货交易所的章程、交易规则及其实施细则及有关决定；③按规定缴纳各种费用；④执行会员大会、理事会的决议；⑤接受期货交易所监督管理。

公司制期货交易所会员应当履行下列义务：①遵守国家有关法律、行政法规、规章和政策；②遵守期货交易所的章程、交易规则及其实施细则及有关决定；③按规定缴纳各种费用；④接受期货交易所监督管理。

期货交易所应当每年对会员遵守期货交易所交易规则及其实施细则的情况进行抽

样或者全面检查,并将检查结果报送中国证监会。期货交易所行使监管职权时,可以按照期货交易所章程和交易规则及其实施细则规定的权限和程序对会员进行调查取证,会员应当予以配合。

5.2.2 交易行为管理

期货交易所作为期货市场监管风险防范第一道防线,大力推进交易行为监管,强化异常交易和违法违规线索的发现和处置能力。本书以大连商品交易所相关业务规则为例,对有关交易行为管理内容介绍如下。

1. 异常交易管理制度

期货交易出现以下情形之一的,为异常交易行为:①以自己为交易对象,多次进行自买自卖;②交易所认定的实际控制关系账户组内发生的多次互为对手方的交易;③频繁报撤单行为;④大额报撤单行为;⑤期货交易所认定的实际控制关系账户组合并持仓超过交易所持仓限额规定;⑥通过计算机程序自动批量下单、快速下单影响交易所系统安全或者正常交易秩序;⑦期货交易所认定的其他情形。

期货公司会员、境外特殊经纪参与者、境外中介机构应当密切关注客户的交易行为,积极防范客户在交易中可能出现的异常交易行为,引导客户理性、合规参与期货交易。期货公司会员、境外特殊经纪参与者、境外中介机构发现客户在期货交易过程中出现上述异常交易行为之一的,应当及时予以提醒、劝阻和制止,并及时向期货公司会员、期货交易所报告。客户出现上述异常交易行为之一,经劝阻、制止无效的,期货公司会员可以采取提高交易保证金、限制开仓、强行平仓等措施。非期货公司会员、境外特殊非经纪参与者或客户出现上述异常交易行为之一的,期货交易所可以采取电话提示、要求报告情况、要求提交书面承诺、列入重点监管名单等措施;情节严重的,期货交易所可以根据违规处理办法等相关规则的规定采取强行平仓、限制开仓等监管措施;涉嫌违反法律、法规、规章的,期货交易所可以提请中国证监会进行立案调查。

2. 实际控制关系账户管理制度

实际控制是指行为人(包括个人、单位)对他人(包括个人、单位)期货账户具有管理、使用、收益或者处分等权限,从而对他人交易决策拥有决定权的行为或事实。根据实质重于形式的原则,具有下列情形之一的,应当认定为行为人对他人期货账户的交易具有实际控制关系:①行为人作为他人的控股股东,即行为人的出资额占他人资本总额 50%以上或者其持有的股份占他人股本总额 50%以上的股东,出资额或者持有股份的比例虽然不足 50%,但依其出资额或者持有的股份所享有的表决权已足以对股东会、股东大会的决议产生重大影响的股东;②行为人作为他人的开户授权人、指定下单人、资金调拨人、结算单确认人或者其他形式的委托代理人;③行为人作为他人的法定代表人、主要合伙人、董事、监事、高级管理人员等,或者行为人与他人的法定代表人、主要合伙人、董事、监事、高级管理人员等一致的;④行为人与他人之间存在配偶关系;

⑤行为人与他人之间存在父母、子女、兄弟姐妹等关系，且对他人期货账户的日常交易决策具有决定权或者重大影响；⑥行为人通过投资关系、协议、融资安排或者其他安排，能够对他人期货账户的日常交易决策具有决定权或者重大影响；⑦行为人对两个或者多个他人期货账户的日常交易决策具有决定权或者重大影响；⑧期货交易所认定的其他情形。

客户应当按照规定通过各自开户的期货公司会员、境外特殊经纪参与者或者境外中介机构履行实际控制关系账户的报备、变更和解除程序。符合实际控制关系账户认定标准的非期货公司会员、境外特殊非经纪参与者应当在取得交易所会员资格或者境外特殊非经纪参与者资格后 10 个交易日内直接向期货交易所进行报备，由期货交易所将相关报备信息发至中国期货市场监控中心。非期货公司会员、境外特殊非经纪参与者实际控制关系发生变更的，应当在发生变更之日起 10 个交易日内主动向期货交易所报备变更情况，由期货交易所将相关报备信息发至中国期货市场监控中心。

申请解除实际控制关系的客户通过其开户的期货公司会员向中国期货市场监控中心提出申请，由中国期货市场监控中心将解除申请转期货交易所审核。客户应当按照期货交易所要求通过其开户的期货公司会员、境外特殊经纪参与者或者境外中介机构提交相关说明材料。申请解除实际控制关系的非期货公司会员、境外特殊非经纪参与者直接向期货交易所提出申请，并应当按照期货交易所要求提交相关说明材料。期货交易所对非期货公司会员、境外特殊非经纪参与者、客户的实际控制关系解除申请进行审核，并有权根据审核需要要求非期货公司会员、境外特殊非经纪参与者和客户提供相关补充材料。

对日常监控中发现具有疑似实际控制关系且尚未报备的账户，开户人为委托期货公司从事期货交易的客户的，期货交易所可以直接或通过期货公司会员对相关客户进行询问；开户人为委托境外特殊经纪参与者从事期货交易的客户的，期货交易所可以直接或通过境外特殊经纪参与者进行询问；开户人为非期货公司会员的，期货交易所可直接询问；开户人为境外特殊非经纪参与者的，期货交易所可直接询问。客户委托境外中介机构从事期货交易的，期货公司会员或者境外特殊经纪参与者应当及时将期货交易所相关询问转达该境外中介机构，由该境外中介机构对该客户进行询问。

对于期货交易所的询问，客户、非期货公司会员、境外特殊非经纪参与者应以书面形式及时回复，并提供相关说明材料；相关期货公司会员、境外特殊经纪参与者、境外中介机构应及时将客户的回复及相关说明材料报送期货交易所。经期货交易所询问，非期货公司会员、境外特殊非经纪参与者、客户如承认存在实际控制关系的，应按照规定进行报备。非期货公司会员、境外特殊非经纪参与者、客户如否认存在实际控制关系的，应说明理由并签署《合规声明及承诺书》。期货交易所将对其说明材料进行审核。对于事实清楚、理由充分、确不符合实际控制关系认定标准的，期货交易所将不按实际控制关系对相关账户进行管理。对于事实、理由不充分的，期货交易所将进行调查，经调查认为符合实际控制关系认定标准的，期货交易所有权责令其进行报备，拒不报备的，期货交易所有权对其实际控制关系进行直接认定，并根据相关规定进行处理；若经调查暂无法认定是否符合实际控制关系认定标准的，期货交易所可将其列入重点监控名单。

期货交易所在执行持仓限额、交易限额、大户报告以及异常交易管理等制度时，对一组实际控制关系账户的委托量、撤单量、成交量以及持仓量等合并计算。

3. 套期保值审批制度

从事套期保值交易的非期货公司会员、境外特殊非经纪参与者和客户应当具备与套期保值交易品种相关的生产经营资格。一般需要向期货交易所提交下列申请材料：①套期保值交易资格申请表，主要包括申请人基本信息、申请品种及交易所要求的其他信息；②企业营业执照副本复印件或者公司注册证书等能够证明经营范围的文件；③期货交易所要求的其他材料。期货交易所在收到完整的申请材料后 5 个工作日内进行审核并予以答复。

非期货公司会员、境外特殊非经纪参与者和客户取得套期保值交易资格后，可以在相关品种的期货、期权合约上进行套期保值交易。取得套期保值交易资格的非期货公司会员、境外特殊非经纪参与者和客户，可通过交易指令直接建立套期保值持仓，也可通过对历史投机持仓确认的方式建立套期保值持仓。未取得套期保值持仓增加额度的，非期货公司会员、境外特殊非经纪参与者和客户的套期保值持仓额度在数量上等同于投机持仓限额。非期货公司会员、境外特殊非经纪参与者和客户可以申请增加套期保值持仓额度。取得套期保值持仓增加额度的，非期货公司会员、境外特殊非经纪参与者和客户的套期保值持仓额度在数量上等同于投机持仓限额与套期保值持仓增加额度之和。非期货公司会员、境外特殊非经纪参与者和客户的套期保值持仓量不得超过期货交易所确定的套期保值持仓额度，套期保值持仓量和投机持仓量合计不得超过期货交易所确定的套期保值持仓额度。

会员、境外特殊参与者和客户申请增加一般月份套期保值持仓额度，应当向期货交易所提交下列材料：①增加套期保值持仓额度申请表，主要包括申请人基本信息、申请品种和数量及交易所要求的其他信息；②所申请品种近一年的现货经营业绩及套期保值期间的现货经营计划；③期货交易所要求的其他材料。上述材料如果已经提交给期货交易所，且没有发生变化的，则无须再次提交。

申请增加交割月份套期保值持仓额度，应当向期货交易所提交下列材料：①增加套期保值持仓额度申请表，主要包括申请人基本信息、申请品种和数量及交易所要求的其他信息；②已持有的及拟持有的现货证明材料及用途说明；③所申请品种近一年的现货经营业绩及套期保值期间的现货经营计划；④期货交易所要求的其他材料。上述材料如果已经提交给期货交易所，且没有发生变化的，则无须再次提交。

申请增加一般月份套期保值持仓额度的截止日为套期保值合约交割月份前第二个月的最后交易日，逾期期货交易所不再受理增加该合约一般月份套期保值持仓额度的申请。申请人可以一次申请增加多个合约的一般月份套期保值持仓额度。申请增加交割月份套期保值持仓额度的截止日为套期保值合约交割月份前第一个月的最后交易日，逾期期货交易所不再受理增加该合约交割月份套期保值持仓额度的申请。

期货交易所对增加一般月份套期保值持仓额度的申请，按主体资格是否符合，套期保值品种、交易部位、买卖数量、套期保值时间与其生产经营规模、历史经营状况、资金等情况是否相适应进行审核，确定其一般月份套期保值持仓增加额度。对增加交割月份套期保值持仓额度的申请，期货交易所将按照申请人的交易部位和数量、现货经营状况、对应合约的持仓状况、可供交割品的数量以及期现价格是否背离等因素，确定其交割月份套期保值持仓增加额度。

期货交易所可以对套期保值交易的保证金、手续费采取优惠措施。期货交易所可以根据市场情况和套期保值企业的生产经营状况对非期货公司会员、境外特殊非经纪参与者和客户套期保值交易资格及套期保值持仓可增加的额度进行调整。

5.3　中国期货业协会的自律管理

中国期货业协会成立于 2000 年 12 月 29 日，注册地和常设机构设在北京，是根据《社会团体登记管理条例》设立的全国期货行业自律性组织，为非营利性的社会团体法人。

《条例》及中国期货业协会章程对中国期货业协会的法律性质、主要职责进行了规定，主要内容如下。

5.3.1　中国期货业协会的法律性质

1. 中国期货业协会是社会团体法人

所谓社会团体法人，是指为了共同目的，由一定数量的成员自愿组成，并依法取得法人资格的具有民事权利能力和民事行为能力，依法独立享有民事权利和承担民事义务的社会组织。社会团体法人有如下特点：一是依法成立。二是有必要的财产和经费。三是有自己的名称、组织机构和场所。四是能够独立承担民事责任。五是不以盈利为目的，即社会团体法人具有非营利性。

2. 中国期货业协会是自律性组织

社会团体自律管理是指社会团体依法登记后，在存续和发展过程中对自身及其会员严格要求，实行自我管理、自我约束、自我规范、自我促进。在欧美发达市场上，行业自律管理是普遍存在的，几乎所有的行业都存在行业协会及自律管理，旨在保证行业的公开竞争并维护行业形象和行业利益。期货业是一个特殊的行业，其交易、结算、交割和经纪服务等业务都有着极强的特殊性，期货交易纠纷多、风险大，处理起来相当复杂，不能仅依赖政府监管解决期货业内的所有问题，必须在依法治市的前提下，加强以行业自律形式解决期货业的特殊问题，即通过行业组织的自律管理职能，发挥其行业自律和市场管理中的规范作用，提高监管效能和降低行政执法成本。

欧美发达市场对期货市场均采用多级管理体制，即交易所的自我管理、期货业协会的行业自律管理和政府的监督管理，三个层面互相配合、互为补充，共同保证期货市场正常运行。而新兴市场往往是政府主导市场发展，承担培育和监管市场的多重职能，市场机制发育不全，行业组织作用弱小，创新不足，缺乏活力，许多本应由行业组织自律管理的职能实际由政府代行。中国期货业协会的成立，标志着以中国证监会及其派出机构的行政监管和期货交易所、中国期货业协会的自律管理相结合的市场监管体系的建立。行业自律是期货市场监管体系的重要组成部分，是政府行政监管的重要补充。在期货市场发展过程中，重视和发挥行业自律组织的作用，既符合我国行政管理体系改革的要求，也是体现行业自我发展能力和成熟程度的重要标志。中国期货业协会的宗旨是，在国家对期货业实行集中统一监督管理的前提下，进行期货业自律管理；发挥政府与期货业间的桥梁和纽带作用，为会员服务，维护会员的合法权益；坚持期货市场的公开、公平、公正，维护期货业的正当竞争秩序，保护投资者的合法权益，推动期货市场的规范发展。自成立以来，中国期货业协会通过规范从业、服务会员、促进创新等工作的开展，使自律管理与行政管理形成一种有机互补、良性互动的关系，提升自律管理的公信力和权威性，在行业"自律、服务、传导"方面发挥着越来越大的作用。

5.3.2　中国期货业协会的主要职责

《条例》规定了中国期货业协会应履行的主要职责，同时规定，中国期货业协会的业务活动应当接受中国证监会的指导和监督。

1. 教育职责

教育职责即教育和组织会员遵守期货法律法规和监管政策。期货市场法律法规及监管政策是维护期货市场秩序、保障当事人合法权益、促进期货市场稳步健康发展的制度基础和根本保障。中国期货业协会作为期货业自律性管理组织，有义务组织会员学习期货市场法律法规及监管政策，并教育督促会员认真贯彻、遵守。

2. 自律规范

自律规范即制定会员应当遵守的行业自律性规则，监督、检查会员行为，对违反中国期货业协会章程和自律性规则的，按照规定给予纪律处分。首先，中国期货业协会有权根据期货市场法律法规和监管政策，及时制定行业的自律管理规定。其次，中国期货业协会应认真、定期地监督、检查会员行为，督促会员认真遵守期货市场法律法规和监管政策、中国期货业协会章程和自律管理规定。最后，中国期货业协会对违反其章程和自律管理规定的行为，应当按照规定给予纪律处分。

扩展阅读 5.2　中国期货业协会的纪律惩戒措施

3. 从业管理

从业管理即负责期货从业人员资格的认定、管理以及撤销工作。从业人员是期货市场有效运行和持续发展的微观基础。根据《期货从业人员管理办法》的规定，期货从业人员包括期货公司的管理人员和专业人员、期货交易所的非期货公司结算会员中从事期货结算业务的管理人员和专业人员、为期货公司提供中间介绍业务的机构中从事期货经营业务的管理人员和专业人员、期货投资咨询机构中从事期货投资咨询业务的管理人员和专业人员等。我国对期货从业人员实行资格管理制度，中国期货业协会履行从业人员的资格认定、资格管理以及撤销等工作。中国期货业协会应当建立期货从业人员数据库和诚信档案，加强对期货从业人员的动态管理。

扩展阅读 5.3　期货业协会对投资者与期货公司交易纠纷进行调解

4. 纠纷调解

纠纷调解即受理客户与期货业务有关的投诉，对会员之间、会员与客户之间发生的纠纷进行调解。

5. 权益维护

权益维护即依法维护会员的合法权益，向中国证监会反映会员的建议和要求。我国期货市场建立 30 多年来，期货居间人群体已有约 5 万人，但长期游离于监管体系之外，缺乏统一规范管理，存在众多损害投资者权益和期货公司利益的行为，加强居间人管理呼声已久。中国期货业协会在证监会指导下，将期货居间人自律管理作为重点工作推进，在广泛听取会员、居间人、投资者、交易所等各方意见建议的基础上，制定发布《期货公司居间人管理办法（试行）》，取得了很好的社会效果。

6. 培训交流

培训交流即组织期货从业人员的业务培训，开展会员间的业务交流。2020 年为应对新冠肺炎疫情考验，中国期货业协会迅速反应，采取直播培训模式助力会员"云上学习战疫"。以优化培训体验为导向，满足多种学习模式需求，与直播培训互为增益，分层次分类别打造网课精品，赋能期货公司各业务条线。

7. 组织研究

组织研究即组织会员就期货业的发展、运作以及有关内容进行研究。中国期货业协会主持的"中期协联合研究计划"，以促进期货市场的稳步发展为根本目标，旨在通过联合行业和社会力量，共同推动期货市场理论和实践研究工作，相关成果编辑成《中国期货业发展创新与风险管理研究》，已成为行业研究的重要品牌，成为培养优秀研究人才、促进研究成果应用的科研平台。

8. 其他职责

除上述职责外，中国期货业协会可以根据章程规定，结合期货市场发展实际和会员要求，从事相应的自律管理和服务职责。

5.4　期货市场监控中心的辅助监管

期货市场监测监控是期货市场监管的重要抓手，对维护期货市场稳定运行具有重要作用。中国证监会专门设立中国期货市场监控中心，专司期货市场监测监控职能，促进期货市场规范运行和健康发展。主要内容如下。

5.4.1　中国期货市场监控中心的设立及职能

中国期货市场发展初期，期货公司挪用客户保证金现象时有发生，有些甚至酿成了恶性事件。为有效解决这一世界难题，中国证监会几经探索，并经国务院同意，决定设立期货保证金安全存管监控机构，即中国期货保证金监控中心，通过信息化手段监控和比对期货公司、期货交易所和存管银行三方数据，确保资金安全。2015 年 4 月，中国期货保证金监控中心正式更名为中国期货市场监控中心。中国期货市场监控中心依照有关规定对保证金安全实施监控，进行每日稽核，发现问题应当立即报告中国证监会。中国证监会根据不同情况，依照《条例》有关规定及时处理。中国期货市场监控中心接受中国证监会的指导、监督和管理。

扩展阅读 5.4　期货投资者保障基金的设立与运作

随着期货市场的发展，中国期货市场监控中心的职能也逐步拓展。其现有职能主要包括：①期货市场统一开户。②期货保证金安全监控。③期货市场运行监测监控。④期货经营机构监测监控。⑤期货及衍生品交易报告库的建设及运营。⑥为期货投资者提供交易结算信息查询。⑦宏观和产业分析研究。⑧代管期货投资者保障基金。⑨为监管机构和期货交易所等提供信息服务。⑩期货市场调查。⑪协助风险公司处置。

5.4.2　强化市场运行监测监控

近年来，中国期货市场监控中心根据中国证监会授权，在强化市场监测监控、确保市场平稳运行中发挥了巨大作用，主要体现在以下方面。

1. 严格保证金安全监控

为有效解决期货公司挪用客户保证金的问题，中国期货市场监控中心于 2006 年上线了保证金监控系统，建立了一套监控、预警及处置机制。2019 年 12 月，新一代保证金监控系统上线，监控效率进一步提升。保证金监控的成效主要体现在如下几个方面：一是防止挪用客户保证金。通过保证金监控机制，有效防止了挪用客户保证金现象的发生。二是提高市场规范程度。市场规范化程度进一步提高，保证金预警数量呈显著下降趋势。三是节约监管力量。有效减少了证监局现场检查工作量，提高了监管效率。四是解决多年困扰期货公司的结算单送达难题。通过建立行业权威的第三方结算报告发送平台，节约了期货公司成本，提高了市场效率，减少了法律纠纷。

2. 防范期货市场运行风险

中国期货市场监控中心通过发现、研判市场系统性风险和个体风险，及时预警，防止风险蔓延，通过发现违法违规线索和异常交易行为，发挥"电子眼"作用，维护公开、公平、公正的市场秩序。中国期货市场监控中心重点从以下几个方面进行监测监控：一是防范结算风险。通过全市场压力测试，研判期货市场系统性风险，预警极端情况下期货公司及投资者资金风险。二是防范操纵风险。通过实控账户监控，对全市场实控关系账户进行收集、识别、监控。通过异常交易监控，对频繁报撤、大额报撤等影响期货市场价格的异常交易行为进行监控。三是防范内幕交易和利益输送。通过分析市场发生重大事件或发布重要信息时的异常交易，及时发现内幕交易行为。四是跨市场监控。通过跨市场监控，分析研判证券市场和期货市场之间的相互影响，跟踪分析投资者跨市场交易行为。

3. 强化期货经营机构监测

期货经营机构是期货市场的重要组成部分，确保期货经营机构合规运营是维护期货市场稳定发展的重要支柱。中国期货市场监控中心根据中国证监会授权，承担期货经营机构运营监测职能。其职责主要包括如下几个方面：一是完善期货公司综合监管平台[FISS（期货公司监管综合信息系统）]。承担 FISS 系统的升级改造和系统维护，督促期货公司数据报送。二是建立综合报表和报告体系。形成基础报告、风险提示报告以及特殊专题报告等报告体系，向监管机构共享信息。三是承担机构监测监控和净资本监控职能。加强对期货公司、经纪机构等主体参与期货市场情况的监测与分析研究。四是建立信息共享机制。以适应事中事后监管为目的，构建"五位一体"监管信息共享机制，建立风险研判沟通会商机制。

4. 加强场外衍生品监测监控

设立交易报告库是二十国集团（G20）领导人峰会达成的共识，是国际金融危机后全球场外衍生品市场改革的重要举措。2020 年 8 月，中国证监会授权中国期货市场监控中心承担建设运营期货及衍生品交易报告库的职能，负责相关数据统计、研究分析和风险监测等。2020 年 12 月，中国期货市场监控中心进入全球交易报告库列表，成为我国境内首家获得金融稳定理事会（FSB）认可的正式交易报告库。中国期货市场监控中心通过收集期货公司风险管理子公司等场外衍生品交易相关数据，对场内外市场进行联动分析和研判，为监管部门提供决策支撑，有效防范市场风险。

本 章 习 题

1. 简述期货市场"五位一体"监管协调机制职责分工。

2. 简述中国证监会的监管职责。

3. 简述期货交易所的一线监管职责。

4. 简述中国期货业协会的自律管理职责。

5. 近年来中国期货市场监控中心在强化市场运行监测监控方面做了哪些努力？

跨市场操纵的几种类型

自学自测

扫描此码

第 6 章

跨市场监管与跨境监管

【本章学习目标】

1. 了解跨市场监管的必要性；
2. 了解跨市场监管的制度体系、存在问题及完善；
3. 了解跨境监管与国际合作的必要性、现有制度的不足及完善。

8·16光大证券乌龙指事件反映加强跨市场监管的必要性

2013 年 8 月 16 日 11 时 05 分，光大证券在进行交易型开放式指数基金申赎套利交易时，因程序错误，其所使用的策略交易系统以 234 亿元的巨量资金申购 180ETF 成份股，实际成交 72.7 亿元。经测算，180ETF 与沪深 300 指数在 2013 年 1 月 4 日至 8 月 21 日期间的相关系数达 99.82%，即巨量申购和成交 180ETF 成份股对沪深 300 指数、180ETF、50ETF 和股指期货合约价格均产生重大影响。同时，巨量申购和成交可能对投资者判断产生重大影响，从而对沪深 300 指数、180ETF、50ETF 和股指期货合约价格产生重大影响。

同日不晚于 11 时 40 分，光大证券总裁徐浩明召集策略投资部总经理杨剑波等人开会，达成通过做空股指期货、卖出 ETF 对冲风险的意见，并让杨剑波负责实施。13 时，光大证券称因重大事项停牌。在当日 13 时开市后，光大证券即通过卖空股指期货、卖出 ETF 对冲风险，至 14 时 22 分光大证券发布公告公开时，共卖出股指期货空头合约 IF1309、IF1312 共计 6 240 张，合约价值 43.8 亿元，获利 74 143 471.45 元；卖出 180ETF 共计 2.63 亿份，价值 1.35 亿元，卖出 50ETF 共计 6.89 亿份，价值 12.8 亿元，合计规避损失 13 070 806.63 元。

中国证监会认为，光大证券在内幕信息公开前将所持股票转换为 ETF 卖出和卖出股指期货空头合约的交易，构成《证券法》第二百零二条和《期货交易管理条例》第七十条所述内幕交易行为，决定没收 ETF 内幕交易违法所得 13 070 806.63 元、股指期货内幕交易违法所得 74 143 471.45 元，并处以违法所得 5 倍的罚款；决定对光大证券 ETF 内幕交易直接负责的主管人员徐浩明及杨剑波等其他直接责任人员，分别处以 30 万元罚款；对光大证券股指期货内幕交易直接负责的主管人员徐浩明及杨剑波等其他责任人员给予警告，分别处以 30 万元罚款。

以上案例可以看出，现货市场与期货市场之间的联系十分紧密，相关风险会产生跨市场传递的现象，跨现货市场与期货市场两个市场监管十分重要，也十分必要。本章我们将探讨跨市场监管的原因、制度体系，亦会涉及跨境监管与国际合作的问题。

6.1 跨市场监管的原因

6.1.1 期货市场与现货市场的联系

1. 现货与期货的概念的相关性

现货是资产的所有权。现货市场发挥正确配置资源的作用的前提是价格信号保真，即要求本着诚实守信原则，避免过度投机，使价格真实地反映资产价值，不得以虚假的价值欺骗投资者。期货是以现货为标的的合约，即交易双方约定在未来的时间以一定价格交易的买卖合同，是一种金融衍生品。期货多采取杠杆化的方式进行交易，故其交易风险远高于一般的金融工具。

2. 市场的流动性

流动性是影响现货市场与期货市场交易质量的重要因素。投资者的参与能有效提升市场交易质量，也能起到稳定现货市场的作用。

股票交易的市场流动性，涉及市场紧度、市场深度和市场弹性三个方面。市场紧度是指买卖股票的报价差度；市场深度是指投资者在买卖股票时意愿承担风险的程度；市场弹性是指股市在下跌后能够价格回升，反弹回来。

流动性也是对现货市场与期货市场采取跨市场监管的前提要素，没有流动性，就不需要跨市场监管，只需对各自单一市场监管即可。

6.1.2 价格信号的传递

1. 信息的传递

现货市场的信息没有法律上的定义，一般认为指与产品有关的任何信息与数据。

根据《中国金融期货交易所信息管理办法》，期货领域的信息指在交易所交易的产品有关的任何信息与数据，以及能够直接或间接传达全部或者部分前述信息与数据的任何形式的描述，包括在交易所交易活动中产生的所有上市品种的交易行情、各种交易数据统计资料、交易所发布的各种公告和通知，以及中国证监会指定披露的其他信息。

信息充分与信息的流动是一个有效市场运行的基础。不管是现货市场，还是期货市场，都需要信息的传递来维持。投资者通过获取的信息做出投资行为，顺应市场的变化而变化。同时，信息在两个市场间的跨市场传递对两个市场均产生极其重要的影响，无论信息是从哪个市场中产生的，都会迅速影响另一市场中的交易行为。

2. 价格的跨市场传递

价格指现货的价格或者期货的价格，是二者价值的反映。

有效的信息传递影响着两个市场，具体就体现在价格发现上。价格发现指在市场交易中，投资者通过自己的交易行为，将得到的信息反映到资产价格上的过程。在价格发现机制的作用下，现货市场价格的变化能够迅速反映到期货市场上，期货市场价格的变化也影响现货市场。

期货交易机制的特点能够提高现货市场的定价效率。期货的交易保证金制度增加了市场中资金的流动性和利用率；卖空机制有助于发挥期货的价值发现功能；合约的标准化提高了投资者换手交易速度。期货价格传递出大量信息。这些信息通过期货市场与现货市场间的套利机制及时传递到现货市场，引导和发现现货价格，从而提高现货的定价效率，增加信息的透明度。

6.1.3　现货市场与期货市场的交叉风险

期货的功能主要在于风险管理与价格发现，从这两个功能出发可将现货与期货之间的跨市场交易行为区分为跨市场套期保值、跨市场投机和跨市场套利。市场各方主体的行为会同时触及现货与期货两个市场，从而引发交叉性风险，具体可分为跨市场操纵风险、跨市场内幕交易风险和跨市场过度投机风险。

1. 跨市场操纵风险

"操纵"一词在《证券法》《期货交易管理条例》等法律法规中并没有明确定义。《证券法》第五十五条与《期货交易管理条例》第七十条对操纵行为进行了不完全的列举，如集中资金优势、持仓优势或利用信息优势联合或连续买卖，操纵市场价格；蓄意串通，按事先约定的时间、价格和方式相互进行交易，影响交易价格或者期货交易量的；自买自卖，影响交易价格或者交易量的；利用虚假或者不确定性的重大信息，诱导投资者进行交易等。全国人大常委会初次审议的《中华人民共和国期货法（草案）》（以下简称《期货法（草案）》）增加了为影响期货市场行情囤积现货、在临近交割月或者交割月利用不正当手段规避持仓以及利用在其他相关市场的活动操纵期货市场等行为。

扩展阅读 6.1　远大石化有限公司联合操纵案

与单一市场内传统操纵行为相比，跨市场操纵行为的模式不仅仅包括单一市场的操纵模式，也包括跨越两个市场的复杂操纵。跨市场操纵行为可以直接操纵现货市场或期货市场，也可以在一个市场中实施操纵行为，在另一个市场中获利。

2. 跨市场内幕交易风险

内幕交易是指内幕人利用内幕信息为自己或者为他人买卖证券牟利的行为。根据《证券法》，证券领域内幕信息，是指涉及发行人的经营、财务或者对该发行人证券的市场价格有重大影响的尚未公开的信息。《期货交易管理条例》第八十一条将内幕信息界定为可能对期货交易价格产生重大影响的尚未公开的信息，包括：国务院期货监督管理机构以及其他相关部门制定的对期货交易价格可能发生重大影响的政策，期货交易所作出的可能对期货交易价格产生重大影响的决定，期货交易所会员、客户的资金和交易动向以及国务院期货监督管理机构认定的对期货交易价格有显著影响的其他重要信息。《期货法（草案）》增加了其他相关市场中的重大异常交易信息。

内幕交易对其他交易者与证券市场均会产生严重的危害。同等条件下内幕交易者具有信息优势，交易成本低，而其他非内幕信息知情人员只能在报价时提高价差，整个市场面临较低的买价和较高的卖价，流动性需求者要承担更高的交易成本。内幕交易也会使市场异常波动，价格的变化无法反映信息传递的内容，从而出现偏差。

相较于单一市场的内幕交易，现货与期货跨市场的内幕交易表现形式更为多样化。期货市场是一种衍生市场，期货合约是基础资产交易的衍生工具，其价格受到现货内在价值、交易成本和供求关系的影响。同样，期货交易的信息也会传导到现货市场。因为现货市场内幕信息会影响期货市场商品行情，行为人可以在现货市场有关的内幕信息尚未公开之前，于期货市场中实施交易行为，或者建议他人实施交易行为。同样，因为期货市场内幕信息会影响现货市场商品行情，行为人可以在与期货合约有关的内幕信息尚未公开之前，于现货市场中实施交易行为，或者建议他人实施交易行为。最后，因为现货市场与期货市场本身的联动作用，内幕交易也可以呈现出其他更为复杂的形式。

3. 跨市场过度投机风险

投机作为一种经济活动并不一定是贬义的。《现代经济学词典》描述投机是"一种买或卖的活动，其目的是在价格或汇率有变化时，通过买进或卖出行为赚取利润"。《投机经济学》把投机定义为"一种试图通过交易对象短期价格的波动，谋取买卖价差中高风险收益的经济行为"。可见，投机是一种短期性和高风险性的活动，它本身是中性的。期货市场本身具有高投机性，合约价格的变化迅速影响着现货市场。在套期保值投资主体比例适当、信息充分披露的情况下，期货市场与现货市场健康地联动运行，期货合约的价格反映了现货的价值，现货的价值受到期货合约价格的影响。在过度投机的气氛中，期货市场会呈现不稳定性特点，进而影响到现货市场。过度投机的气氛也会助长跨市场操纵及跨市场内幕交易等行为，甚至产生市场崩溃的风险。

6.1.4 投资者保护的需要

1. 公平、公开、公正原则的体现

《证券法》第三条规定，证券的发行、交易活动，必须遵循公开、公平、公正的原则。《期货交易管理条例》与《期货法（草案）》也对此予以强调。中小投资者在现货市场与期货市场中处于相对弱势的地位，不论是财力还是信息的获取能力，都比不上机构投资者。加之存在联合操纵、内幕交易和过度投机等风险，为了更好地体现公平正义原则，在法律的制定与执行过程中需要加强对中小投资者的保护。

2. 维持市场活力与平衡的要求

现货市场与期货市场的关联性较强，不管是哪一种类型的风险，给两个市场的投资者都会带来不小的挑战，尤其是对中小投资者。中小投资者由于自身条件的不足，往往不能像机构投资者一样规避风险意识强，没有很强的财力，也没有充足的时间与操作经验来支撑其避免较高的风险，极端情况下甚至会陷入无法偿还债务或者破产的情境中。该种情形的出现将严重打击中小投资者积极性，使两个市场失衡，背离了跨市场交易的本来目的。因此，有必要加强跨市场监管的法律制度建设，降低市场风险，打击联合操纵、内幕交易和过度投机行为，对中小投资者予以保护。只有这样做，才能够维持两个市场的活力与平衡。

6.2　跨市场监管的制度体系

6.2.1　法律框架与基本制度

《期货法（草案）》尚未生效。我国现有有效的现货与期货跨市场监管的法律基础主要包括全国人大常委会通过的《证券法》，国务院颁布的《期货交易管理条例》，中国证监会制定的《期货交易所管理办法》《期货公司管理办法》《期货公司金融期货结算业务试行办法》《关于建立股指期货投资者适当性制度的规定（试行）》等法律法规以及中国金融期货交易所（以下简称"中金所"）制定的《中国金融期货交易所交易规则》《中国金融期货交易所风险控制管理办法》《中国金融期货交易所结算细则》等自律规则。此外，中国期货业协会还出台了《〈期货经纪合同〉指引》等行业规范。基本建立了保证金制度、当日无负债结算制度、强制平仓制度、交易价格限制制度、持仓限额制度、结算担保金制度、大额持仓报告制度以及风险警示制度等，确立了跨市场异常交易紧急措施制度。总体而言，中国跨市场交易监管仍然侧重于微观审慎理念，以分市场监管为重点。

对于商品期货而言，由于商品现货种类繁多，主管部门较为分散，除前述的金融监管部门对期货市场本身的监管可能涉及跨市场监管外，尚不存在有效的跨市场监管制度与机构。

6.2.2　现有制度存在的问题

1. 审慎监管基本法律体系尚未形成

现行期货与现货跨市场交易的监管法律制度由国务院制定的行政法规《期货交易管理条例》、证监会制定的相关行政规章，以及交易所和中国期货业协会的自律性文件构成。由于上位法缺位，国务院颁布的《期货交易管理条例》在权威性以及宏观审慎监管方面存在一定的局限。法治社会的融贯性原理要求规则系统内部以及规则系统与法治实践之间，在价值取向和基本原则上具有一致性。在具体监管实践中，中国跨市场宏观审慎监管长期存在着高度依赖于证监会、交易所等监管部门针对特定市场风险出台行政规章、自律性文件等低位阶文件的实施路径,这不免导致法律规则系统内部呈现"不融贯"现象。

跨市场交易风险种类繁多,涉及多方面的主管部门。在立法层面制定涉及跨市场交易的期货基本法律,并在其基础上建立完备的法律制度体系,是现货与期货市场平稳运行、稳步发挥功能的关键。对于期货与现货跨市场交易宏观审慎监管而言,制定一部统一而权威的期货基本法是规制跨市场交易风险的必由之路。此外,由于宏观审慎监管是一种自上而下的监管框架,跨市场交易关乎非金融现货主管部门与金融监管部门之间的配置关系,必须以法律的形式予以明确才具有真正的现实可行性。最后,对金融监管部门内部而言,新设立的国务院金融稳定发展委员会、承担宏观调控职能的人民银行和证监会及其所属机构之间的职能配备和责任厘定问题,也必须通过更高级别的基本法律予以保障。

2. 宏观审慎监管主体缺位

在金融分业经营和分业监管体制下,中国跨市场监管一直是以分业监管部门之间联合工作机制的形式展开的,例如"金融监管联席会议机制""金融监管协议""监管协作备忘录",不存在实体性的金融宏观审慎监管机构。在分业监管的情形下,无法真正有效地履行跨市场交易宏观审慎监管职责。现货与期货跨市场交易涉及多个监管部门对多个交易环节的监管。在宏观审慎监管主体缺位的情况下,多个监管部门之间存在着一定的监管重叠和监管真空问题。首先,"联合工作机制"的参与部门行政级别相同,并且彼此不存在隶属关系,通过一种"机制"为自己和对方设定权利和义务,法律效力和实践效果均大打折扣。其次,对于商品现货与期货的跨市场监管,相关机制没有国家发展和改革委员会、农业农村部等商品现货市场监管主体的参与,跨市场监管仍有较大空间。

随着跨市场交易行为日渐增加,金融监管新范式要求在专门金融监管机构之上建立跨业风险监管机构,防止风险在金融体系内外传递。为构建中国统合型金融监管体制,当前需要解决三个问题:一是建立统一的金融监管机构,实现组织体系方面的统合;二是厘清央行与金融监管机构之间的关系,实现政策职能方面的统合;三是初步建立商品现货与期货跨市场监管的协调机制。2017 年 7 月,全国金融工作会议已经宣布成立更高级别的金融稳定协调机构——国务院金融稳定发展委员会(以下简称"金稳委")。金稳委能以超脱的态度填补"一行两会"监管权利真空,但对于商品现货与期货跨市场监管的制度安排仍需要立法予以进一步明确。

3. 跨市场交易协同稳定机制不足

相对稳定是市场健康、有序运行的前提。为此,有必要建立期货与现货之间合理的交易规则,以维护跨市场协同稳定。

股指期货与股票现货跨市场协同稳定机制是指依据一国证券期货法律,由监管层采取一系列旨在维护期现市场平稳、高效运行的协同稳定措施。价格涨跌停板制度和熔断机制是典型的跨市场协同稳定机制。

价格涨跌停板制度即价格涨跌幅限制措施,指证券期货交易价格在特定交易日中的最大涨跌幅达到前一交易日价格的法定幅度时立即停止交易的制度。价格涨跌停板制度对于股票现货市场尤其是个股非理性暴涨暴跌具有较好的平抑作用,但实践证明,其对于股指期货与股票现货跨市场的协同稳定作用较为有限。

西方国家往往通过跨市场熔断机制来达到维护市场间的平稳运行的目的。熔断机制又被称为断路器制度,是指当市场交易波动幅度达到法定的单日价格波动幅度规定区间(即"熔断点")时,证券期货交易所为了控制股指期货市场和股票市场的风险而采取的暂停交易措施。对沪深 300 股指期货市场每分钟高频数据的最新实证研究显示,熔断机制"可以为稳定市场波动起到一定的控制和保护作用"。因此,尽管中国 2016 年在保留个股涨跌停板制度的基础上推出熔断机制仅 4 个交易日便被紧急叫停,但这并不能直接否定该机制对于跨市场交易的协同稳定效用。相反,涨跌停板制度并不足以构成有效的跨市场交易协同稳定机制。"两个市场只建立了涨跌停板制度,均未设立'熔断制度',这是中国资本市场很多问题产生的重要根源"。"8·16 光大乌龙指事件"和"5·28 股市断崖式下跌事件"的发生警醒人们必须深入反思熔断机制在中国失败的根源及其与涨跌停板制度在跨市稳定方面的协同原理。

4. 两个市场信息披露制度不规范

期货与现货市场均可能存在信息披露不规范、不充分与不及时的问题,两个市场信息披露的问题同时也会产生交叉影响。

以股票市场与股指期货市场为例。虽然我国证券市场成立 30 多年,通过不断完善制度,上市公司信息披露的法律体系愈加全面,信息披露的质量也不断提高,但由于公司治理的相关问题,信息披露仍存在较多违规问题。如公司管理层为了业绩评价,粉饰报表,不规范披露真实数据;隐瞒可能对公司业绩或筹资不利的重大信息;延迟披露不利信息,甚至对已披露报表通过补充公告的形式进行"打补丁"。股指期货的信息披露亦存在不规范、不充分与不及时的问题。比如有的经纪公司在转载其他与本公司交易活动相关的信息时,会加入自己理解的进行误导,甚至故意制造虚假信息;期货披露平台欠缺、披露信息渠道有限,导致市场上小道消息横行、炒作题材屡见不鲜,导致过度投机氛围浓重。

两个市场各自存在的信息披露问题也会产生交叉影响。现货市场披露信息的不规范、不充分、不及时直接影响期货市场投资者对信息的获取,进而影响期货市场投资者的决策;期货市场信息披露存在的问题也会直接传导到现货市场,造成的信息缺失及信息错误影响现货市场的理性决策。

5. 机构投资者内部控制制度存在缺陷

机构投资者内部控制制度的缺陷首先在于公司治理结构失灵。公司治理结构,又称法人治理结构,是股东(大)会、董事会及监事会等公司治理框架内形成的相互制衡体系，以保证公司规范运营，从而保证股东和债权人的利益。目前，包括证券投资基金公司在内的机构投资者大多已经构建了形式上比较健全的治理结构；以股东为所有者主体，股东（大）会为最高权力机构；在股东（大）会下形成负责日常经营的董事会，外部聘任独立董事设立监事会制度，由股东和职工分别委派一定的监事。由于历史原因，证券公司与证券投资基金公司多是国家控股公司，股东是上级单位，高管由国家委派。由于国家并不参与日常经营，很多公司虽然存在三会制度、独立董事制度、职工监事制度，但董事会被内部人控制，监事会形同虚设，公司治理的分权与制衡机制并没有发挥效用，公司的决策机制和程序也失去其应有价值。独立董事及职工监事人数较少，且由内部推荐产生，也难以发挥预期作用。

机构投资者内部控制制度还存在风险识别和评估不完善的问题。随着期货产品的不断创新，市场的风险也不断扩大。机构投资者时刻都在面临来自内部和外部的不同风险，其能否进行有效的识别和分析风险，是其能否有效控制风险的关键所在。我国目前还没有出台完善的识别与分析标准，在新产品创新时也很难随时能够建立相应的风险评估与控制制度，一些识别、评估风险的方法和手段比较落后，很难进行有效的风险管理与监控。

从公司文化导向上来说，机构投资者存在片面地追求眼前利益、局部利益的倾向，而忽视风险的识别与评估，可能会使得公司内部控制程序流于表面、内部控制制度失灵。尽管防控投资风险日益成为金融市场参与者的共识，但机构投资者短期业绩为主的经营方针及与此相应的激励机制并未发生本质的变化，这就不可避免地对内部控制制度有效运行造成挑战。管理层与一线员工对短期投资收益存在共同的利益取向，公司内部控制制度失灵就成为市场上常见的行为了。

6. 商品现货与期货跨市场监管制度未有效建立

2021 年一读的《期货法（草案）》尚未生效。国务院层面的《期货交易管理条例》作为期货监管领域的最高层级规范性文件，其效力仅是行政法规。期货基本法的缺位削弱跨领域、跨部门执法的合法性及可行性。与此相关的是，跨部门合作在机制与效率方面均存在极大的不确定性，金稳委、人民银行、证监会等金融监管部门与国家发改委、市场监管总局等其他市场主管部门间的协调机制未有效建立，现有制度的执行亦存在一定的困难。

6.2.3 跨市场监管制度的完善

1. 健全法律法规体系

作为成文法国家，市场主体行为的合法性由成文法进行规制，行政机关必须严格依照法无授权不可为的精神行政执法，司法机关必须严格依照法律、行政法规进行法律适用。如果立法机关不能对市场主体行为边界、监管机构及其职权职责、司法机关的审查内容与标准进行明确的规定，市场主体就不能意识到合法的边界，监管机构也会面临无法可依的局面，而司法机关的裁判也会标准不一。在我国当下的市场环境下，现有《期货交易管理条例》已不能满足监管的需要。因此需要加快期货基本法的立法进程，根据我国的市场发展状况，明确市场主体的行为边界、监管机构的职权职责及司法机关的审查内容与标准，这是规范市场行为，弥补和完善现有《证券法》《期货交易管理条例》关于期货市场规范的漏洞和不足的根本之道。全国人大常委会已将期货法列入立法计划，并于 2021 年 4 月 26 日初次审议该法。作为统摄期货交易及监管的基本法律，我们期待该法在相当程度上规范跨市场交易主体及监管机构的行为。

当然，对于跨市场交易而言的监管不能仅仅希望证券与期货两个基本法完全胜任之，更高层级的宏观经济立法，尤其是宏观调控综合协调制度等方面的立法势在必行。我国可制定一部金融稳定法，对宏观经济金融领域的国务院相关部委诸如财政部、国家发改委、人民银行以及各金融监管部门，乃至商品现货市场的相应主管部门在涉及跨市场交易方面的各自角色和定位进行明确，并与金稳委的职权做到无缝对接，共同完善跨市场交易宏观审慎监管制度，真正实现宏观经济政策与跨市场交易监管政策的协同一致。

2. 明确设立跨市场交易宏观审慎监管主体

在金稳委设立前，我国股票市场与股指期货市场之间就已经形成了证监会主导下的监管机构合作机制。2007 年 8 月 13 日，在股指期货市场的筹备期间，由中国证监会牵头主导，联合上海证券交易所、深圳证券交易所、中国金融期货交易所、中国证券登记结算公司及中国期货保证金监控中心公司五家机构，签署了《跨市场监管信息交换操作规程》《跨市场监管反操纵操作规程》《跨市场监管突发事件应急预案》三份文件，并由中国证监会设立跨市场监管领导小组和具体的工作小组统筹协调跨市场监管事宜。

金稳委的设立有助于股票市场与股指期货市场的跨市场监管模式的改善，同时也有助于构建和完善债券等其他金融产品市场及期货市场，乃至商品现货及期货市场之间的跨市场监管合作机制。从金融法的角度来说，跨市场交易宏观审慎监管制度的设立要遵循宏观审慎监管的风险逻辑和法理逻辑。所谓风险逻辑，就是宏观审慎监管不同于微观审慎监管的风险损失锁定原理，即坚持自上而下的风险监管方法，事先锁定总体市场风险损失，而后再根据具体金融市场和金融机构的特性分配风险损失。为此，跨市场交易宏观审慎监管主体必须具有在交易所涉多个市场之上的总体损失控制能力。所谓法理逻辑，即宏观审慎监管主体的宏观审慎监管权要具有正当的权力来源，具有明确的法律授权。从国际上看，金融宏观审慎监管机构的设立有分散决策模式、纯粹的单一决策模式和联合委员会模式三种，不过跨市场监管从来不存在一种"最优模式"。尽管各种模式各有优劣，但分散决策模式下，由于没有任何一个机构对监管合作失败负全责，而个别机构通过宏观审慎监管降低系统性风险在激励上也存在明显不足。纯粹的单一决策模式如完全由央行决策，又容易导致货币政策与监管政策在央行身上产生冲突。因此，由多个机构共同组成联合委员会进行宏观审慎监管的模式受到了一些学者的极力推崇。美国金融稳定监督委员会（FSOC）实际上就是典型的将美联储（FRS）和财政部等监管部

扩展阅读 6.2 美国
金融稳定监督委员会
组织架构及运作情况 门一并纳入旗下，并由财政部主导的联合委员会，我国
2017 年新设立的金稳委也有这样的意味。

问题是，金稳委的牵头部门是否应当照搬美国 FSOC
由财政部牵头的方案呢？实际上，即便在美国，大多数学
者也是极力反对财政部牵头方案的，认为其可能因为政治选举等原因搁浅宏观审慎监管
的实施。一些学者认为《中华人民共和国中国人民银行法》已经赋予中国人民银行作为
最后贷款人的角色承担金融稳定的职能，其本身又具有杰出的宏观经济金融市场研究能
力，可以胜任联合委员会的牵头部门。这不仅符合 G30 等国际组织对中央银行作为牵
头部门的倡议，而且从金稳委办公室已然设置于人民银行，以及银保监会合并以后《国
务院机构改革方案》"将银监会和保监会拟定银行业、保险业重要法律法规草案和审慎
监管基本制度的职责划入中国人民银行"，突出其在宏观审慎监管中的地位的政策安排
来看，也契合中央高层的意图，即中国负责跨市场交易宏观审慎监管的主体应为采用委
员会模式的金稳委，金稳委具有宏观审慎监管决策权，而人民银行具有宏观审慎监管的
执行权。这种法律架构的设计比较符合"宏观审慎监管与中央银行法定职责具有内在契
合性"的基本法理，符合第五次全国金融工作会议关于"强化中国人民银行的宏观审慎
管理和系统性风险防范职责"的基本精神。其在表面上虽与财政部主导的美国 FSOC 模
式相异，但在框架的设计和运行上有异曲同工之妙，对于"强化跨部门金融监管协调"
"消弭监管重叠和监管真空""防范系统性金融风险"提供了新的思路。

3. 完善跨市场交易协同稳定机制

跨市场交易宏观审慎监管的风险假定原理是跨市场交易协同稳定机制构建的法理
基础。具体而言，跨市场交易宏观审慎监管假定风险具有内生属性，也就是说期现市场
之间的交错互动以及交易者的"集体行动"与金融体系的整体性风险呈正相关的关系。
为此，宏观审慎监管理论要求，必须构建涨跌停板制度、熔断机制或者二者兼容组合的
跨市场协同稳定机制。这其中包含三个子问题：中国目前股票现货市场的涨跌停板制度
是否需要继续保留？美国等发达国家的熔断机制是否需要引入？如果需要引入，如何与
涨跌停板制度嫁接，实现无缝对接？

中国现行的涨跌停板制度有必要继续予以实施。涨跌停板制度的价值功能不仅受到
中国证券市场监管实践的承认，而且即使像美国这样先期采用熔断机制的国家也在晚近
废止了个股熔断机制并转而确立了个股涨跌停板制度。因此，就中国股票现货市场而言，
具有丰富实践基础的个股涨跌停板制度依然可以保留。与此同时，尽管 2016 年初熔断
机制在中国仅仅实施 4 天即被叫停的命运让理论界和实务界对该制度望而生畏，但这并
不意味着熔断机制本身是股市暴跌的根本原因。归根结底，这属于"制度系统结构不科
学而引致的制度化风险"。

熔断机制的启用对各种信息不对称而引致的市场非理性暴涨暴跌，通过以时间换空
间的信息补给路径，达到适度缓和及熨平跨市场风险共振的效果。我国可以在保留个股
涨跌停板制度的基础上，推出对于整个证券市场（成份股指数）异常波动的熔断机制。

发达国家股票市场的熔断机制和跨市场交易熔断机制的相关立法值得学习借鉴。比如借鉴美国在证券市场发展的不同阶段,灵活设置熔断级次和熔断点、调整熔断时间等做法,可设置跨市场交易的"项圈规则",以稳定跨市场交易带来的异常剧烈波动。总之,实现现货市场的个股涨跌停板制度与整体市场的熔断机制的耦合,方能有效促成中国跨市场交易的协同稳定。

4. 规范跨市场信息披露制度

我国证券市场构建了以发行与上市信息披露、持续信息披露以及重大事项临时公告为主的信息披露框架,明确了信息披露不当的法律责任,有效地规范证券现货市场的健康发展。金融期货产品的推出对我国证券市场信息披露监管法律制度提出了重大挑战。在应对证券及期货跨市场交易的风险时,更应注重规范两个市场信息披露的合规性。

第一,加大对内幕交易的监管力度与处罚力度。由于现货与期货市场的信息共享,内幕人可以根据其拥有的一个市场内幕信息而在另一个市场中作出交易。可以说,相较于单一市场的内幕交易而言,跨市场内幕交易往往手段更加隐蔽,难以发现与监管。针对这些内幕交易的行为,应加强监管力度,加大行政处罚及刑事处罚力度,以保护投资者的合法权益。

第二,强化对信息披露义务主体的监督。我国证券市场建立了以发行人、中介机构及二者关联方信息披露为核心的信息披露制度,在跨市场监管中也应如此。与单一市场相比,由于现货与期货两个市场相互影响的特殊性,上市公司主要股东及其高级管理人员利用股指期货操纵股票等现货价格、进行内幕交易等违法行为而牟取暴利的动机可能更加强烈,故建立与股票、债券市场类似的信息披露制度成为跨市场监管的当务之急。如要求信息披露义务主体对主要股东、实际控制人、高级管理人员、中介机构工作人员及与前述人员有密切联系的关联方及其交易,特别是可能参与跨市场交易的主体情况及相关交易进行充分的披露;对现货与期货间有较大关联的交易事项、异常交易信息及跨市场资金往来进行监管,需要的情况下聘请第三方中介机构出具意见;乃至禁止重要关联方从事以本公司发行产品为标的的期货投资;等等。

规范机构投资者对其客户的披露制度。证券公司与证券投资基金是证券期货市场投资的主力军,对市场有着较大的影响力。因此,为了更大程度上保护投资者的利益,促进证券与期货市场规范发展,需要对机构投资者及其期货产品的相关信息进行充分的披露。如要求机构投资者主动明确投资标的的风险和收益;向客户提供足够的风险教育;不为低抗险客户提供高风险的投资方案;以及投资后及时地披露相关产品的盈利状况。"买者负责的前提是卖者尽责",充分披露期货产品的相关信息是减少代理风险、规范期货市场发展的必然要求。

5. 建立健全机构投资者的内部控制制度

随着期货市场的发展,机构投资者成为期货市场投资的主力军。此时,如果监管部门管制过多、过细,则比较容易形成僵化模式,影响机构投资者乃至期货市场的发展;如果管制过少,则机构投资者容易滋生风险,影响期货市场的健康发展。因此,完善机构投资者自身的内部控制就成为首先需要做的事情了。

在公司治理层面，机构投资者应形成股东会、董事会、监事会及管理层各负其责、相互制约的治理结构，从而维护投资者的合法权益，防止公司发生合规或其他经营风险。具体来说，应对董事会与管理层设置合理的考评与监督制度，强化独立董事的作用，发挥监事会对财务与经营的监督作用。

在风险识别和评估方面，机构投资者应增强风险控制意识，不断地完善并落实相关制度。具体来说，首先是保证机构投资者风险管理委员会与管理层的其他机构、内部风险控制部门与其他业务部门之间相互独立、权责分明。风险与收益之间的固有矛盾决定了机构投资者内部风险管理部门与业务经营部门的不同责任驱动机制。在建设风险控制系统时应保证二者的相对独立。内部风险控制部门有权独立地向风险管理委员会进行工作汇报，风险管理委员会独立地向董事会报告工作。其次是为风险管理相关部门配备专业人员，提高风险的识别、评估和应对水平，以更好地履行识别和评估风险的内部控制职责。最后，如果在监管层面或行业协会层面研究出台较为统一的识别与分析标准，以方便机构投资者更加有效地进行风险管理与监控，也是较为有益的。

从公司文化导向上来说，机构投资者应强化公司管理层的内部风险控制意识，最直接而有效的方法就是强化管理层的个人责任，从而引起管理层对风险的更高度重视。管理层的态度会影响整个企业的经营行为，必然对所有企业员工关于风险的态度产生重要影响。由此，企业内部控制制度才可能渗透到企业运行的每一个细小的工作中，尽可能地避免企业的风险。

6. 探寻商品现货与期货跨市场监管的合作机制

我国商品现货与期货跨市场监管尚处于监管空白阶段。《期货法（草案）》提出，国务院期货监督管理机构与其他相关部门，应当建立信息共享等监督管理协调配合机制。建议在跨部门监管层面，可以参照股票与股指期货跨市场监管制度，尝试建立以国务院或金稳委为核心，国务院其他主管部门为协调成员的跨部门合作机制。就现货与商品期货市场的信息互换、风险预警、联合调查等形成共识，形成稳定的常规协调机制，控制跨市场风险。

6.3　跨境监管与国际合作

6.3.1　跨境监管与国际合作的必要性

2019年11月7日，国务院发布了《国务院关于进一步做好利用外资工作的意见》，要求自2020年起将取消证券公司、证券投资基金管理公司、期货公司等主体对外资持股比例不超过51%的限制。这标志着我国金融市场对外开放的进一步推进。随着跨境期货活动的日益增多，一些跨境违法行为也开始映入人们的眼帘。跨境违法行为的产生，一方面是基于跨境监管具有较高难度的特点，另一方面也是为了逃避强监管从而向监管相对宽松的地区转移。因此，对此类监管套利违法现象应给予高度重视，完善与之相匹配的监管体系。

为建立国际证券业的有效监管机制并遏止跨国不法交易，国际证监会组织于 2002 年制定了《磋商、合作及信息交换多边谅解备忘录》（MMoU）。MMoU 的签署方可以请求其他签署方提供相关当事人在银行或经纪商的资金财产状况、交易时间和价格、相关经济主体（如银行、经纪公司、受益人等）等信息，以进行跨境调查及执法协助（IOSCO，2012）。该备忘录被国际社会广泛接受，并成为国际证券监管者打击跨境证券违法行为的有力武器。中国证监会于 2007 年正式签署了 MMoU。截至 2019 年 10 月，正式申请附录 A1 并获批的签署方已达 124 个（IOSCO，2019），经过 10 多年的发展，签署方间执法协作数量由 2003 年的 56 个增加到了 2018 年的 4 064 个（IOSCO，2019），通过该备忘录进行信息交流、协作执法的频率逐年增加，表明 MMoU 在促进跨境执法合作、稳定国际证券市场方面发挥了重要的作用。

6.3.2　我国期货市场跨境监管制度的不足

我国的期货市场起步较晚，期货法律规范的域外效力、期货监管体系、监管部门执法权规定都存在改进的空间。我国对期货市场实行集中统一监管，在跨境监管方面也出台了相关法律法规，后者赋予了中国证监会一定的跨境执法权。但从当下的法律环境和执法情况看，我国的监管体系仍存在诸多不足之处。

1. 跨境监管体制有待完善

1）证券市场跨境监管法律基础需要夯实

我国尚未制定期货基本法律，对于期货跨境的监管由《证券法》进行规范。《证券法》赋予中国证监会同境外证券监督管理机构建立监督管理合作机制、实施跨境监管的权力，规定了其依法履行职责有权采取的措施，但并未对期货领域跨境执法合作作出特别说明。具体到期货领域的法规依据，均仅存在于层级较低的行政法规、部门规章中，如《期货交易管理条例》《期货交易所管理办法》等。可以说，期货基本法律的缺乏使得跨境监管面临无法可依的局面，效力层级较低的文件常常不能满足国际合作的需要。

2）证监会调查权与境外监管主体不相适应

跨境监管的合作主要针对对违法行为的调查。现行《证券法》第一百七十条规定，国务院证券监督管理机构依法履行职责，有权采取现场检查、调查取证、查阅复制有关财产权登记、通信记录、证券交易记录、登记过户记录、财务会计等文件资料以及调取资金账户、银行账户等信息的措施，同时享有一定的封存、冻结和查封权等，但仍不具备强制问询的权力。尽管法律要求被调查者配合调查，但也缺乏相关执法保障。《期货法（草案）》对此亦没有进一步突破。

境外证券市场监管部门调查执法权范围广。以 SEC（美国证券交易委员会）为例，在正式调查程序中，SEC 能够实施强制获取证词，传唤证人做证，冻结账户和搜查，强制被调查人提供任何与调查相关的账户信息、文件、信件、备忘录或其他文档，获取被调查对象的银行账户、通信记录等措施。美国《证券交易法》第 21 条（c）款规定，SEC 可以签发传票，强制证人出庭做证或提供证据材料；如果证人不执行，SEC 可向法院申请发出司法令，命令被调查人执行。2008 年金融危机之后，为更好地打击违法行为，《多德–弗兰克华尔街改革和消费者保护法》授权 SEC 可以向法院申请签发在美国全境适用的、要求相关人员出庭做证或者提供证据材料的传票，扩大了人员范围，保障了调查的展开和成效。其他诸如加拿大、欧洲各国及中国香港等地区，对强制问询也普遍进行了规定。面对 EMMoU《磋商、合作及信息交换多边谅解备忘录增强版》对执法机构提出的新的履职要求，中国证监会执法权力范围过小，种类也较少。

扩展阅读 6.3　美国证券交易委员会介绍

2. 国际协作经验方面存在不足

根据我国法律，中国证监会负责同境外监管机构进行跨境监督合作。其中，与跨境监管合作相关的是稽查局（首席稽查办公室）和国际合作部（港澳台事务办公室）。就跨境交易执法而言，稽查局负责协调跨境执法合作、跨境案件的办理及稽查边控、查封、冻结等强制手续；国际合作部负责具体联系境外组织、承担监管合作工作。但相对业务需求而言，执法人员匮乏，应对跨境交易执法的能力有限。

目前，我国境外上市企业已逾千家，来自境外监管机构的协查请求越来越多，事项日益复杂。如近年赴美上市"中概股"事件使证监会在接受境外协查请求时面临较大的国际压力。证监会跨境执法协作压力逐年增大，执法人员紧张的矛盾愈加突出。由此看来，我国国际合作意识尚有待进一步加强，谅解备忘录的桥梁作用还未能充分发挥。

6.3.3　完善跨境监管体制，提高国际合作能力

1. 加快期货基本法的立法，夯实跨境监管的法律基础

就期货跨境监管方面，《期货法（草案）》明确提出域外管辖权适用于境外参与者及境外经纪机构参与境内期货交易的相关行为。可以说，一部明确规定跨境监管体制的市场基本法为期货领域国际监管合作打下法律基础。

2. 赋予证监会与履行职责相适应的调查取证权力

监管机构拥有全面有效的调查、执法权力是履行监管职责的重要前提和有力保障，执法权如果缺位将极大限制职能的发挥，因此，有必要进一步加强中国证监会的执法权限。在这个方面，美国相关立法规定具有一定的前瞻性和参考空间。《期货法（草案）》对《证券法》与《期货交易管理条例》规定的调查权力未有实质性突破。我们期待，未来正式出台的期货法可以借鉴美国的《证券执行法》，明确相关政府部门的配合协助义务和被监管者不配合调查的法律责任，以保障证监会的调查权力，新增如强制问询、获取互联网记录等国际合作方式。赋予证监会更高的执法裁量权，以应对手段多样的违法行为，从而提高法律的执行性和可操作性，更好满足国际监管协作需要，实现监管互认。

3. 组建跨境监管合作专业队伍

在证监会内部组建专门的队伍，对内与其他政府职能部门直接对接，进行相关信息的获取，对外负责同境外监管机构的合作。设立独立的监管机构，有利于吸引专家型人才参与技术性强的期货监管，以有效解决特定领域所遇到的专业化问题，从而更好地利用谅解备忘录的优势，提高执法协作积极性。同时，应积极开展技术培训，深入学习合作机制，借鉴国际最佳实践，提高监管能力。

4. 创新跨境监管国际合作机制

我国应当积极与国际证监会组织沟通，完善多边谅解备忘录，或通过签署双边谅解备忘录的方式，赋予一方监管机构向另一方监管机构申请冻结、扣划违法财产的权力，加大行政处罚执行力，增强对跨境操纵行为的威慑和打击力度。借鉴中美会计审计跨境执法合作经验，允许我方以观察员身份赴境外参与执法检查，乃至可在特定时段共同发起跨境联合监管行动。

本 章 习 题

1. 简述期货市场与现货市场的交叉风险。
2. 简述机构投资者可能存在的内部控制缺陷及完善方法。
3. 简述跨市场监管制度的完善。
4. 简述我国期货市场跨境监管的不足及完善。

"原油宝"事件的教训与启示

自　　扫
学　　描
自　　此
测　　码

第 **7** 章

期货投资者保护

【本章学习目标】

1. 理解维护期货投资者合法权益意义，理解期货投资者保护理论基础，掌握我国期货投资者保护制度框架；
2. 理解客户适当性原则，能够依据多维度指标对投资者进行分类，了解投资者义务，掌握经营机构在适当性管理各个环节应当履行的义务；
3. 掌握我国期货投资者保障基金定义，了解保障基金的筹集，掌握保障基金的使用。

加强投资者教育，远离非法期货交易

近年来，非法期货活动处于多发状态，特别是以商品现货的名义进行非法期货交易活动的场所屡禁不止，严重侵害了投资者的合法权益，损害了期货市场的声誉，在社会上造成了不良影响。政府部门联合执法，加强清理整顿并规范各类交易场所；同时，部分地区法院也陆续就相关非法期货交易活动依法作出判决，对投资者辨识非法期货交易活动提供了现实参考，具有很强的警示作用。

以某电子交易平台为例，该平台以现货为依托，采用标准化合约竞价电子撮合、T+0、每日无负债结算、杠杆、保证金、强制平仓等交易方式，以收取手续费为营利模式。但该平台总经理谢某、副总经理郑某某和陈某某等相关涉案人员擅自发展所谓的"做市商"，将该平台的木糖醇、液碱、甘油、过氧化氢、甲醛、草酸等部分交易品种和业务外包。这些做市商向下继续发展代理商，他们共同通过互联网、微信、电话等方式公开营销，利用该平台提供的后台数据，采用先提供"正确情报"，以小额盈利诱导客户加大投资，后提供虚假行情信息，反向操纵价格的方式，致使投资者大幅亏损。做市商与该平台按照85%与15%的比例瓜分投资者亏损资金，做市商将取得的85%客户亏损再在其与代理商之间进行瓜分。据统计，谢某、郑某某、陈某某等人共同获取非法利益合计人民币7 972.32万元。2015年11月，三人分别被人民法院以诈骗罪判处无期徒刑、有期徒刑13年、有期徒刑7年，同时被处以相应罚金。

在已发生或判决的案例中，不法分子往往以商品现货交易为幌子，诱导投资者参与非法期货交易活动，造成投资者财产损失，投资者对此应保持高度警惕。

7.1　期货投资者保护概述

期货交易是高度专业化和复杂化的交易，世界各国都十分重视期货投资者的保护工作，尤其是国际金融危机后，投资者保护工作在世界各国和地区不断被强化，投资者保护制度已成为成熟资本市场基础性制度。2013 年 12 月 27 日，国务院办公厅发布《国务院办公厅关于进一步加强资本市场中小投资者合法权益保护工作的意见》指出，中小投资者是我国现阶段资本市场的主要参与群体，但处于信息弱势地位，抗风险能力和自我保护能力较弱，合法权益容易受到侵害。维护中小投资者合法权益是证券期货监管工作的重中之重，关系广大人民群众切身利益，是资本市场持续健康发展的基础。因此维护期货投资者特别是中小投资者合法权益，对于维护我国期货市场公开、公平、公正，促进期货市场健康稳定创新发展具有重要意义。

7.1.1　理论基础

1. 代理理论

金融服务提供者和金融投资者之间的经纪业务存在代理关系，金融服务提供者需对金融投资者承担代理义务，代理人对投资者负有忠实义务。

2. 信赖理论

金融服务提供者在处于受到信赖的特别情况下，需承担更高的义务，要为金融投资者最优利益行事。

3. 招牌理论

金融服务提供者通过相关部门核准后，利用"挂出招牌"声称自己的自营商或经纪商身份从事金融业务，即默认其在金融领域具备专业地位，其必须公平对待金融投资者。

4. 信息不对称理论

市场经济活动中，各类人员对有关信息的了解是有差异的，掌握信息比较充分的人员，往往处于比较有利的地位，而信息贫乏的人员则处于比较不利的地位。在金融服务提供者和金融投资者之间存在明显的信息不对称现象，需要金融监管者制定规则加强金融服务提供者的信息披露工作。

5. 买方自负原则和卖方有责原则的平衡

买方自负原则是传统商品交易的基本原则之一，含义是由买方承担交易风险，具体到金融投资，即买者在购买投资产品时应当小心、谨慎，在充分了解产品特征、功能及其缺陷的基础上，自行作出产品投资判断，而由此产生的交易风险由买者承担。随着金融产品创新，金融产品复杂程度和风险大大增加，有必要对买方自负原则的适用进行有条件的约束。卖方有责原则是指金融服务提供者有责任按照法律法规的要求，履行投资者适当性审核、信息披露等义务，销售的产品服务与投资者的主观意愿和个人能力相符

扩展阅读 7.1　12386 中国证监会热线简介

扩展阅读 7.2　证监会举行"5·15 全国投资者保护宣传日"启动仪式

合。金融监管者制定规则时平衡好买方自负原则和卖方有责原则，对于促进我国金融业健康创新发展有现实意义。

7.1.2　我国期货投资者保护制度框架

我国十分重视资本市场中小投资者保护工作，十八大以来，资本市场投资者保护工作步伐加快，国务院、最高人民法院、中国证监会发布多项投资者保护专项制度和文件，逐步构建了我国中小投资者权益保护的制度体系，规范了证券期货市场投资者适当性管理，完善了证券期货纠纷多元化解机制建设，加强了证券期货知识普及教育和投资者教育基地建设，明确了"12386"热线服务的定位和职能，畅通了投资者诉求表达的渠道，见表 7-1。

表 7-1　期货市场投资者保护制度

序号	时间及文号	创新性规定
1	2013 年 12 月 25 日 国办发〔2013〕110 号	《国务院办公厅关于进一步加强资本市场中小投资者合法权益保护工作的意见》
2	2015 年 9 月 8 日 证监会公告〔2015〕23 号	《关于加强证券期货投资者教育基地建设的指导意见》
3	2015 年 9 月 8 日 证监会公告〔2015〕23 号	《首批投资者教育基地申报工作指引》
4	2016 年 11 月 8 日修订发布 证监会、财政部令第 129 号	《期货投资者保障基金管理办法》
5	2016 年 5 月 25 日 法〔2016〕149 号	《最高人民法院、中国证券监督管理委员会关于在全国部分地区开展证券期货纠纷多元化解机制试点工作的通知》
6	2016 年 12 月 22 日 证监会公告〔2016〕36 号	《第二批证券期货投资者教育基地申报工作指引》
7	2018 年 3 月 14 日 证监会公告〔2018〕5 号	《证券期货投资者教育基地监管指引》
8	2018 年 10 月 22 日 证监会公告〔2018〕32 号	《关于"12386"中国证监会服务热线运行有关事项的公告》
9	2018 年 11 月 13 日 法〔2018〕305 号	《最高人民法院　中国证券监督管理委员会印发〈关于全面推进证券期货纠纷多元化解机制建设的意见〉的通知》
10	2018 年 12 月 4 日 证监会公告〔2018〕40 号	《第三批证券期货投资者教育基地申报工作指引》
11	2019 年 3 月 8 日 证监发〔2019〕29 号	中国证监会、教育部关于印发《关于加强证券期货知识普及教育的合作备忘录》的通知
12	2016 年 12 月 12 日　证监令第 130 号/2020 年 10 月 30 日（修订）　证监令第 177 号	《证券期货投资者适当性管理办法》

从 2019 年起，中国证监会将每年的 5 月 15 日设立为"全国投资者保护宣传日"，希望通过每年固定日期在全国范围内集中开展活动，在全社会积极倡导理性投资文化，强化投资者保护意识，全面构建资本市场投资者保护新格局，凝聚市场各方共识，形成人人关心、关爱、关注中小投资者合法权益的良好氛围。

7.2　期货投资者适当性制度

投资者适当性管理是现代金融服务的基本原则和要求,也是成熟市场普遍采用的保护投资者权益和管控创新风险的做法。2008 年,国际清算银行、国际证监会组织与国际保险监督官协会三方共同颁行的《金融产品和服务零售领域的客户适当性》中对客户适当性进行了定义,即中介机构所提供的金融产品或服务与其客户的财务状况、投资知识和经验、投资目标以及风险承受能力的适合度。

扩展阅读 7.3　中国证监会牵头的《中小投资者投诉处理与权益救济》项目文件获国际证监会组织通过

2016 年 12 月 12 日,中国证监会发布《证券期货投资者适当性管理办法》(以下简称《办法》),自 2017 年 7 月 1 日起施行,2020 年 10 月 30 日进行修订。其主要内容如下。

7.2.1　适用范围

向投资者销售公开或者非公开发行的证券、公开或者非公开募集的证券投资基金和股权投资基金(包括创业投资基金,以下简称"基金")、公开或者非公开转让的期货及其他衍生产品,或者为投资者提供相关业务服务的,适用《办法》。

7.2.2　依据多维度指标对投资者进行分类

投资者分为普通投资者与专业投资者。普通投资者在信息告知、风险警示、适当性匹配等方面享有特别保护。

(1)符合下列条件之一的是专业投资者。

①经有关金融监管部门批准设立的金融机构,包括证券公司、期货公司、基金管理公司及其子公司、商业银行、保险公司、信托公司、财务公司等;经行业协会备案或者登记的证券公司子公司、期货公司子公司、私募基金管理人。

②上述机构面向投资者发行的理财产品,包括但不限于证券公司资产管理产品、基金管理公司及其子公司产品、期货公司资产管理产品、银行理财产品、保险产品、信托产品、经行业协会备案的私募基金。

③社会保障基金、企业年金等养老基金,慈善基金等社会公益基金,合格境外机构投资者、人民币合格境外机构投资者(RQFII)。

④同时符合下列条件的法人或者其他组织:最近 1 年末净资产不低于 2 000 万元;最近 1 年末金融资产不低于 1 000 万元;具有 2 年以上证券、基金、期货、黄金、外汇等投资经历。

⑤同时符合下列条件的自然人:金融资产不低于 500 万元,或者最近 3 年个人年均收入不低于 50 万元;具有 2 年以上证券、基金、期货、黄金、外汇等投资经历,或者具有 2 年以上金融产品设计、投资、风险管理及相关工作经历,或者属于第①项规定的专业投资者的高级管理人员、获得职业资格认证的从事金融相关业务的注册会计师和律师。

金融资产，是指银行存款、股票、债券、基金份额、资产管理计划、银行理财产品、信托计划、保险产品、期货及其他衍生产品等。

经营机构可以根据专业投资者的业务资格、投资实力、投资经历等因素，对专业投资者进行细化分类和管理。

（2）专业投资者之外的投资者为普通投资者。经营机构应当按照有效维护投资者合法权益的要求，综合考虑收入来源、资产状况、债务、投资知识和经验、风险偏好、诚信状况等因素，确定普通投资者的风险承受能力，对其进行细化分类和管理。

（3）普通投资者和专业投资者在一定条件下可以互相转化。符合专业投资者第④、⑤项规定的可以书面告知经营机构选择成为普通投资者，经营机构应当对其履行相应的适当性义务。

符合下列条件之一的普通投资者可以申请转化成为专业投资者，但经营机构有权自主决定是否同意其转化。

①最近1年末净资产不低于1 000万元，最近1年末金融资产不低于500万元，且具有1年以上证券、基金、期货、黄金、外汇等投资经历的除专业投资者外的法人或其他组织。

②金融资产不低于300万元或者最近3年个人年均收入不低于30万元，且具有1年以上证券、基金、期货、黄金、外汇等投资经历或者1年以上金融产品设计、投资、风险管理及相关工作经历的自然人投资者。

普通投资者申请成为专业投资者应当以书面形式向经营机构提出申请，并确认自主承担可能产生的风险和后果，提供相关证明材料。

经营机构应当通过追加了解信息、投资知识测试或者模拟交易等方式对投资者进行谨慎评估，确认其符合前条要求，说明对不同类别投资者履行适当性义务的差别，警示可能承担的投资风险，告知申请的审查结果及其理由。

7.2.3　投资者义务

投资者应当在了解产品或者服务情况，听取经营机构适当性意见的基础上，根据自身能力审慎决策，独立承担投资风险。

经营机构的适当性匹配意见不表明其对产品或者服务的风险和收益作出实质性判断或者保证。投资者购买产品或者接受服务，按规定需要提供信息的，所提供的信息应当真实、准确、完整。投资者根据《办法》规定所提供的信息发生重要变化、可能影响其分类的，应当及时告知经营机构。

投资者不按照规定提供相关信息，提供信息不真实、不准确、不完整的，应当依法承担相应法律责任，经营机构应当告知其后果，并拒绝向其销售产品或者提供服务。

7.2.4　经营机构在适当性管理各个环节应当履行的义务

向投资者销售证券期货产品或者提供证券期货服务的机构（以下简称"经营机构"）应当遵守法律、行政法规、《办法》及其他有关规定，在销售产品或者提供服务的过程中，勤勉尽责，审慎履职，全面了解投资者情况，深入调查分析产品或者服务信息，科学有效评估，充分揭示风险，基于投资者的不同风险承受能力以及产品或者服务的不同风险等级等因素，提出明确的适当性匹配意见，将适当的产品或者服务销售或者提供给适合的投资者，并对违法违规行为承担法律责任。

1. 经营机构全面了解投资者情况

经营机构向投资者销售产品或者提供服务时，应当了解投资者的下列信息。

（1）自然人的姓名、住址、职业、年龄、联系方式，法人或者其他组织的名称、注册地址、办公地址、性质、资质及经营范围等基本信息。

（2）收入来源和数额、资产、债务等财务状况。

（3）投资相关的学习、工作经历及投资经验。

（4）投资期限、品种、期望收益等投资目标。

（5）风险偏好及可承受的损失。

（6）诚信记录。

（7）实际控制投资者的自然人和交易的实际受益人。

（8）法律法规、自律规则规定的投资者准入要求相关信息。

（9）其他必要信息。

经营机构应当告知投资者，其根据《办法》规定所提供的信息发生重要变化、可能影响分类的，应及时告知经营机构。

经营机构应当建立投资者评估数据库并及时更新，充分使用已了解信息和已有评估结果，避免重复采集，提高评估效率。

2. 经营机构全面分析评估产品或服务

经营机构应当了解所销售产品或者所提供服务的信息，根据风险特征和程度，对销售的产品或者提供的服务划分风险等级。

3. 经营机构将适当的产品或者服务销售或者提供给适合的投资者

经营机构应当根据产品或者服务的不同风险等级，对其适合销售产品或者提供服务的投资者类型作出判断，根据投资者的不同分类，对其适合购买的产品或者接受的服务作出判断。

经营机构告知投资者不适合购买相关产品或者接受相关服务后，投资者主动要求购买风险等级高于其风险承受能力的产品或者接受相关服务的，经营机构在确认其不属于风险承受能力最低类别的投资者后，应当就产品或者服务风险高于其承受能力进行特别的书面风险警示，投资者仍坚持购买的，可以向其销售相关产品或者提供相关服务。

经营机构向普通投资者销售高风险产品或者提供相关服务，应当履行特别的注意义务，包括制定专门的工作程序、追加了解相关信息、告知特别的风险点、给予普通投资者更多的考虑时间，或者增加回访频次等。

经营机构应当根据投资者和产品或者服务的信息变化情况，主动调整投资者分类、产品或者服务分级以及适当性匹配意见，并告知投资者上述情况。

经营机构应当制定适当性内部管理制度，明确投资者分类、产品或者服务分级、适当性匹配的具体依据、方法、流程等，严格按照内部管理制度进行分类、分级，定期汇总分类、分级结果，并对每名投资者提出匹配意见。

4. 经营机构的告知、警示义务

经营机构向普通投资者销售产品或者提供服务前，应当告知下列信息：①可能直接导致本金亏损的事项；②可能直接导致超过原始本金损失的事项；③因经营机构的业务或者财产状况变化，可能导致本金或者原始本金亏损的事项；④因经营机构的业务或者财产状况变化，影响客户判断的重要事由；⑤限制销售对象权利行使期限或者可解除合同期限等全部限制内容；⑥《办法》规定的适当性匹配意见。

经营机构对投资者进行告知、警示，内容应当真实、准确、完整，不存在虚假记载、误导性陈述或者重大遗漏，语言应当通俗易懂；告知、警示应当采用书面形式送达投资者，并由其确认已充分理解和接受。

经营机构通过营业网点向普通投资者进行《办法》规定的告知、警示，应当全过程录音或者录像；通过互联网等非现场方式进行的，经营机构应当完善配套留痕安排，由普通投资者通过符合法律、行政法规要求的电子方式进行确认。

5. 经营机构禁止进行销售的产品或提供服务的活动

经营机构禁止进行下列销售产品或者提供服务的活动：①向不符合准入要求的投资者销售产品或者提供服务；②向投资者就不确定事项提供确定性的判断，或者告知投资者有可能使其误认为具有确定性的意见；③向普通投资者主动推介风险等级高于其风险承受能力的产品或者服务；④向普通投资者主动推介不符合其投资目标的产品或者服务；⑤向风险承受能力最低类别的投资者销售或者提供风险等级高于其风险承受能力的产品或者服务；⑥其他违背适当性要求、损害投资者合法权益的行为。

6. 经营机构其他义务

经营机构应当制定并严格落实与适当性内部管理有关的限制不匹配销售行为、客户回访检查、评估与销售隔离等风控制度，以及培训考核、执业规范、监督问责等制度机制，不得采取鼓励不适当销售的考核激励措施，确保从业人员切实履行适当性义务。

经营机构应当每半年开展一次适当性自查，形成自查报告。发现违反《办法》规定的问题，应当及时处理并主动报告住所地中国证监会派出机构。

经营机构应当按照相关规定妥善保存其履行适当性义务的相关信息资料，防止泄露或者被不当利用，接受中国证监会及其派出机构和自律组织的检查。对匹配方案、告知警示资料、录音录像资料、自查报告等的保存期限不得少于20年。

7.3　期货投资者保障基金

我国的期货投资者保障基金是经国务院批准、中国证监会和财政部决定设立的专项基金。2007 年 4 月，经国务院批准，中国证监会、财政部发布《期货投资者保障基金管理暂行办法》，保障基金正式设立。2007 年 6 月，中国证监会、财政部发布《关于指定中国期货保证金监控中心有限责任公司代管期货投资者保障基金的通知》，联合指定中国期货保证金监控中心（现更名为中国期货市场监控中心）作为保障基金的代管机构，负责基金资金的筹集、管理和使用。中国证监会负责保障基金业务监管，按照规定决定使用保障基金；财政部负责保障基金财务监管，保障基金的年度收支和决算报财政部批准。

7.3.1　期货投资者保障基金概述

期货投资者保障基金（以下简称"保障基金"）是在期货公司严重违法违规或者风险控制不力等导致保证金出现缺口，可能严重危及社会稳定和期货市场安全时，补偿投资者保证金损失的专项基金。

期货交易活动实行公开、公平、公正和投资者投资决策自主、投资风险自担的原则。投资者在期货投资活动中因期货市场波动或者投资品种价值本身发生变化所导致的损失，由投资者自行负担。

保障基金按照取之于市场、用之于市场的原则筹集。保障基金的规模应当与期货市场的发展状况、市场风险水平相适应。

保障基金的使用遵循保障投资者合法权益和公平救助原则，实行比例补偿。

7.3.2　保障基金的筹集

（1）保障基金管理机构应当以保障基金名义设立资金专用账户，专户存储保障基金。

（2）保障基金的启动资金由期货交易所从其积累的风险准备金中按照截至 2006 年 12 月 31 日风险准备金账户总额的 15%缴纳形成。

保障基金的后续资金来源包括：①期货交易所按其向期货公司会员收取的交易手续费的一定比例缴纳；②期货公司从其收取的交易手续费中按照代理交易额的一定比例缴纳；③保障基金管理机构追偿或者接受的其他合法财产。

保障基金的后续资金缴纳比例，由中国证监会和财政部确定，并可根据期货市场发展状况、市场风险水平等情况进行调整。

对于因财务状况恶化、风险控制不力等存在较高风险的期货公司，应当按照较高比例缴纳保障基金，各期货公司的具体缴纳比例由中国证监会根据期货公司风险状况确定。期货交易所、期货公司缴纳的保障基金在其营业成本中列支。

（3）期货交易所、期货公司应当按年度缴纳保障基金。期货交易所应当在每年度结束后 30 个工作日内，缴纳前一年度应当缴纳的保障基金，并按照中国证监会和财政部确定的比例代扣代缴期货公司应当缴纳的保障基金。

（4）有下列情形之一的，经中国证监会、财政部批准，期货交易所、期货公司可以暂停缴纳保障基金。

保障基金总额足以覆盖市场风险；期货交易所、期货公司遭受重大突发市场风险或者不可抗力。

当前款情形消除后，经中国证监会、财政部批准，应当恢复缴纳。

7.3.3　保障基金的使用

期货公司因严重违法违规或者风险控制不力等导致保证金出现缺口的，中国证监会可以按照《办法》规定决定使用保障基金，对不能清偿的投资者保证金损失予以补偿。

（1）对期货投资者的保证金损失，保障基金按照下列原则予以补偿。①对每位个人投资者的保证金损失在 10 万元以下（含 10 万元）的部分全额补偿，超过 10 万元的部分按 90%补偿。②对每位机构投资者的保证金损失在 10 万元以下（含 10 万元）的部分全额补偿，超过 10 万元的部分按 80%补偿。

现有保障基金不足补偿的，由后续缴纳的保障基金补偿。

（2）对投资者因参与非法期货交易而遭受的保证金损失，保障基金不予补偿。对机构投资者以个人名义参与期货交易的，按照机构投资者补偿规则进行补偿。

（3）使用保障基金前，中国证监会和保障基金管理机构应当监督期货公司核实投资者保证金权益及损失，积极清理资产并变现处置，应当先以自有资金和变现资产弥补保证金缺口。不足弥补或者情况危急的，方能决定使用保障基金。

（4）动用保障基金对期货投资者的保证金损失进行补偿后，保障基金管理机构依法取得相应的受偿权，可以依法参与期货公司清算。

（5）保障基金管理机构应当及时将保障基金的使用、补偿、追偿等情况报告中国证监会和财政部。

本 章 习 题

1. 简述维护期货投资者特别是中小投资者合法权益的意义。

2. 简述期货投资者分类的意义。

3. 简述经营机构在适当性管理各个环节应当履行的义务。

投资者与期货公司及其营业部期货交易纠纷案例

自学自测　　扫描此码

第 8 章

期货市场监管的国际比较与发展趋势

【本章学习目标】

1. 了解美国、英国、日本等国家和地区的期货市场监管模式；
2. 了解主要国家和地区期货市场监管的特点和优劣；
3. 了解国外期货市场监管体系对我国的启示；
4. 理解期货市场监管的发展趋势。

"次贷危机"背景下期货市场监管的国际化

2001年开始，美联储连续大幅降息刺激经济增长。低利率和充足的流动性引致大量购房需求，房地产市场一片繁荣，潜在的利益大大刺激了投机性需求和金融机构的放贷心理。为了扩大市场，金融机构推出次级按揭贷款（SB），使大量低收入者也加入购房大军。房地产市场和消费市场的繁荣也不断地拉动了美国经济增长。在这个过程中，美国贷款机构为了分散风险和拓展业务，实现利益最大化，把住房按揭贷款打包成MBS（住房抵押按揭债券）进行出售回笼资金。投资银行购买MBS后，把基础资产的现金流进行重组，设计出风险和收益不同档次的新债券，也就是担保债务凭证（CDO），然后再推出能够对冲低质量档次CDO风险的信用违约互换CDS，以及二者的结构化产品——合成CDO。这些结构化的组合产品形成了我们所谓的次贷价值链 SB—MBS—CDO—CDS—合成CDO。由于具有风险对冲工具CDS，CDO被评级公司冠为AAA级债券，获得了全球对冲基金和各大金融机构的青睐。房价不断上升，以住房按揭贷款为基础的CDO的高回报率也自然得到保障。持有CDO的基金组织和金融机构见获利如此丰厚，纷纷通过杠杆融资，反复向大银行抵押CDO，将获得的资金再度投入市场。著名的凯雷基金破产时杠杆倍数高达32倍。这一系列创新产品的活跃，进一步刺激了贷款公司继续发放次贷和房地产泡沫。2004年上半年开始，由于原油和大宗商品价格上涨，为抑制通货膨胀，美联储连续17次提高利率，美元进入加息周期，大幅提高了抵押贷款成本，次贷的债务人无力偿付本息，被抵押的房产由贷款公司大量作价变现，美国房地产市场由盛转衰，引起连锁反应，贷款公司背负巨额不良资产，MBS和CDO的回报失去保障，信用评级被降低，基金、其他金融机构资产严重缩水，发放杠杆贷款的银行损失惨重，最终酿成危机。

"次贷危机"本身是一个信用危机，但是美国金融机构将次级贷款进行信贷资产证券化（CLO）和流通债券再证券化（CBO），使得抵押贷款的机构更加复杂化，造成了对信贷风险的重新定价。这些金融机构通过信用违约掉期对资产证券化债券进行增值，从而产生了金融风险的放大机制。因此，在某种程度上，美国场外金融衍生品市场（OTC）监管缺失是此次危机的催化剂。这也再一次说明了对金融衍生品市场进行监管的必要性。2008 年后，由美国引发的金融危机向全世界蔓延，并波及实体经济，商品期货市场也由此受到重创。2008 年国庆节后，我国期货市场的 19 个交易品种首次出现全面跌停，其中，铜、铝、橡胶、豆粕、玉米等主力交易品种均创新低。这场次级债及金融衍生品引发的金融危机，不仅对全球经济造成了百年不遇的严重冲击，也对正在发展中的中国期货市场产生了重大影响。

由此可见，期货市场监管的国际化十分重要，也十分必要。本章我们将探讨美国、英国、日本等不同国家和地区的期货市场监管模式，并对不同监管模式进行评价与比较，进而总结和分析期货市场监管的发展趋势。

8.1　主要国家和地区期货市场监管的模式

世界主要国家和地区期货市场监管体制按监管职能，大致可分为以下三种：第一，专职分离型职能监管体制。这种监管体制的特点是国家或地区设立独立于证券监管机构的专业期货市场监管机构，对期货市场实施统一监管。这种模式以美国为代表。第二，非专职型职能监管体制。国家或地区不设专门的期货监管机构，而是利用已有的金融监管部门，通过立法授权有关部门分别履行监管期货市场的职能。这种模式以日本为代表。第三，专职复合型职能监管体制。其特点是证券市场、期货市场由统一的机构监管。实行这种模式的国家和地区较多。如中国香港地区的证券与期货监察事务委员会、新加坡的金融管理局等。

8.1.1　美国期货市场监管模式

1. 美国期货市场监管模式的主要特征

1）多层次的法律监管体系

美国期货市场在商品交易法（Commodity Exchange Act）的框架下运作，其他法律如证券法、银行法部分条款也间接地对期货市场产生约束力。美国期货市场监管由商品期货交易委员会的行政监管、期货业协会的自律监管和期货交易所的一线监管组成"三级监管体制"，三者有机结合、相互作用、环环相扣，它们既要依法履行职责，又要相互配合协调。商品期货交易委员会负责立法及其实施、审批登记新设立的交易所；交易所主管场内交易；期货业协会主管专业期货人员。美国期货市场监管模式所要实现的核心是建立统一期货市场法律法规、统一集中监管机构监管、统一风险控制标准的集中监管体制。

2）政府监管具有主导地位

美国商品期货交易委员会作为期货市场的直接管理者，兼有立法、执法和准司法职能，对期货市场实行集中统一的监管，这种模式能够有效保护期货市场的安全、维持期货市场的秩序。

3）重点监管和全面监管相结合

商品期货交易委员会、期货业协会和期货交易所在各自的规章条例和法律规范中规定有登记注册制度、会员制度、财务制度、客户资金安全保护制度以及仲裁制度等。同时，对期货交易的各类组织与人员、各个环节也进行了全面规定，以保护期货市场的正常运行。在全面监管的同时，重点监管过度投机行为和市场操纵。

2. 美国期货市场监管模式的主要内容

1）CFTC 行政监管

美国期货市场监管模式的核心是建立了全国统一的、具有排他监管权的联邦期货监管机构，即商品期货交易委员会，CFTC 是具有准立法权和司法权的独立机构，代表联邦政府对期货市场实行集中统一的排他监管。作为参议院同意的政府主管部门，CFTC 对全国期货行业实行独立管辖权，并有相当大的独立性和权威性。

CFTC 设 5 名专职委员，1 名主席，4 名委员，这 5 名委员均由总统提名经参议院讨论表决通过后，由总统任命，其任期均为 5 年。同时为了保证该委员会作出的决策的公正性，其中 3 名委员不能来自同一个政党。商品期货交易管理委员会下设若干职能部门，主要有强制执行部、经济分析部、总咨询办公室、主席办公室和执行董事办事部等，并在全国一些地区设立若干办事处。它的具体职责包括：①全权审查交易所开办的资格，颁布营业许可证；②审定交易所制定、修改的重要规则，期货合约的规格与实物交割的地点和仓库；③管理除证券、现货以外的所有期货交易；④对期货经纪人进行审查并注册登记；⑤对违反期货法规者，有权对其进行行政处罚或起诉。这种诉讼可以是向联邦法院提起的行政诉讼，倘若构成犯罪，还可以建议公诉机关提起刑事诉讼。

CFTC 的基本任务是及时监管并预防期货市场中人为操纵和违规行为的发生。为了完成这一基本任务，CFTC 采取三个主要手段：一是日常大户报告制度和头寸限制；二是市场信息，包括期货市场方面的交易量和空盘量、现货市场的仓单数量、可交割数量及经济环境方面的发展趋势等，会员公司的交易习惯、交易手法、交易技巧、客户交易的习惯和交易手法等；三是对比分析，对交易所和经纪公司上报的信息和数据进行对比分析，及早发现漏洞和问题。CFTC 可以针对这些方面采取行动：一是向交易所了解、核实情况；二是直接向交易者了解情况；三是在了解和核实情况的基础上，向交易所或会员公司及客户询问；四是继续关注一些问题的形势发展，对于回答问题有疑点的，告知被调查对象提供进一步的说明材料，对于发现的问题，及时责令纠正，履行执法的职责。CFTC 是美国期货市场最主要的、权力广泛的监督管理机构，主要通过市场监管部、清算和市场中介监管部及稽查部履行其监管职责。

2）NFA 自律监管

美国期货行业的自律监管机构是全国期货业协会（NFA），NFA 是一个受 CFTC 监督、为期货行业提供额外自律管理的自律性组织，其管理的重点是那些不是任何交易所会员的业内注册人员。协会由会员大会、董事会和执行委员会三部分组成。其中会员大会是权力机构，会员大会选举出 42 名成员组成董事会，董事会是期货业协会的最高管理机构，包括期货市场参与者、商业银行代表、公众董事等。董事会下设由 20 名委员组成的执行委员会，专门负责管理和指导日常工作。为了使行业协会具有广泛的代表性，选举董事会和执行委员会的成员时要兼顾各类会员所占比例和地区分布。协会的主要职责包括：①普及期货知识；②对期货人员的会员资格进行专业甄别；③对专业期货人员的资本额、财务以及一般规划执行情况进行审计和监管；④强化职业道德、规范，实施客户保护条例；⑤对因期货交易而出现的纠纷提供仲裁。

扩展阅读 8.1　美国全国期货业协会 NFA

3）期货交易所一线监管

美国期货交易所是有组织的期货市场的重要组成部分，其组织系统由会员大会、董事会、委员会和职能部门构成。会员大会是最高权力机构，对交易所的章程、规则有最终决定权。董事会是最高权力执行机构，由会员大会选出，董事会的主要职责是确定交易所的重大经营方针和政策，审定并修改交易所内部的各项管理和交易原则，处理交易所中各会员之间的纠纷以及各种行政、财政事务。期货交易所一般实行董事会领导下的总裁或所长负责制。交易所最常设的专业委员会有仲裁委员会、新商品委员会、资格委员会、仓储交割委员会、市场委员会、控制委员会，各专业委员会由董事会或交易所会员大会选出的交易所会员组成，这些委员会有权对董事会提出建议，协助董事会工作。

美国的期货交易所除了提供期货交易场所、提供标准化的期货合约和期权合约、通过结算所为期货交易提供安全保障、提供信息服务等基本职能外，还具有对期货交易的管理职能。其市场组织形式较为规范，同时又实行了一系列严格的内部交易规则和各种审计、监察、仲裁惩处机制，包括对经纪公司的严格管理、禁止场外私下非法交易、对市场参与者资金账户的严格管理、对期货市场潜在风险建立了监督预警系统、对市场参与者的财务状况进行审核等，这些措施都有效地保证了商品期货市场上的交易环境和交易秩序，确保了各规章制度的顺利执行。美国期货交易所还通过制定各种规章制度对市场风险进行管理，包括会员资格的审查制度、保证金制度、限仓制度、涨跌停板制度等。

总而言之，美国的期货监管体系随着市场的产生、发展自发衍生出来，具有合理性和有效性。同时由于美国市场经济发达，行业协会悠久自治的历史，传统和灵活的判例法体系，其监管体系能够较好地处理立法与执法、政府监管与行业协会监管、政府与市场的各种关系，从而保证美国期货市场的健康运行。但是，它也存在为人所诟病的不足之处，如由于期货监管机构和证券监管机构的职责分工不明确，两个监管机构在证券指数类期货管辖权上存在争斗等。

8.1.2　英国期货市场监管模式

英国对期货市场的法律监管是随着其金融监管的变化而不断发展着的。在传统上，英国属于自律监管模式的典型，政府采用非直接手段对期货市场进行宏观调控，期货市场强调交易所的自我管理，交易所的自我管理也是英国期货市场管理体系中的基础与核心。

1. 英国期货市场监管模式的主要特征

1）监管体系的核心是自律监管

英国虽然与美国一样也是三级监管体制，但英国更强调期货业协会的行业监管。作为政府宏观管理部门的金融服务局（FSA）对期货市场并不实施直接的监管，而是帮助和指导自律组织健全和完善自律管理体制，如为了保证对市场的监管更加贴切，

扩展阅读 8.2　期货市场自律监管

金融服务局允许包括证券期货业协会在内的自律组织制定与自己颁布的某些重要规章不完全一致的准则。但这种监管模式也可能会显得力量不足，使国家范围内缺乏一套统一的强制性的期货法律规范。

2）综合监管

英国将期货市场和证券市场交给一个机构实施监管，无论是政府监管还是行业协会的监管，其主体都是一致的。这种监管模式能够有效避免美国的证券主管机构和期货主管机构在管辖权上的争斗，特别是对与证券相关的金融期货市场，这种管辖模式非常有效。但是由于期货市场与证券市场的差异，这种模式在适用时不一定能做好市场定位，而陷入监管上的一刀切。

2. 英国期货市场监管模式的主要内容

1）英国期货市场行政监管

英国 1985 年成立的金融服务局对英国证券市场和期货市场承担统一的行政管理职能。该机构的最大特点是其自负盈亏的有限公司形式，其宗旨在于对英国金融服务行业建立严格标准并保证标准的实施，以维护投资者的利益。FSA 的职权包括：①注册管理；②制定包括期货业在内的投资行业规则，监管法律、规章和规则的实施；③对期货市场进行日常监管，防止操纵和垄断市场的不法行为的产生；④对投资者的损害组织赔偿；⑤处理诉讼。

2）英国期货市场自律监管

英国期货市场监管模式特别注重期货行业的自律管理。证券期货业协会负责对证券业和期货业实施统一自律管理，其主要职责包括：①制定自律性管理规章；②对会员进行注册管理；③解决会员之间的期货纠纷；④对会员的日常经营行为进行监管处罚。

8.1.3　日本期货市场监管模式

1. 日本期货市场监管模式的主要特征

1）多元化

一方面，政府监管机构针对不同产品的期货市场设立了不同的监管机构；另一方面，期货业自律组织也分别成立了期货交易所自律组织和期货经纪商自律组织，分别对期货交易所和期货经纪商进行自律管理。这种监管模式虽然有很好的针对性，但是无法使期货市场相互融洽，不符合现代集中监管模式这一大趋势。

2）政府主导

日本期货监管体制以政府的直接管理为主，自律组织在整个监管体制中地位不高。

3）严格治理

日本期货市场通过严格的立法和执法维持期货市场交易秩序，但也很可能正是这种严格治理导致日本期货市场活力不足、规模不大。

2. 日本期货市场监管模式的主要内容

1）日本期货市场行政监管

日本没有统一的期货市场监管机构，而是政府各相关职能部门各自通过立法手段实施。其中，金融期货由大藏大臣管理，农产品期货市场由农林水产省大臣管理，工业产品期货市场由通产省大臣管理。各主管大臣的职权包括以下几个方面：①审批权。主管大臣批准交易所开办、审批会员和商品交易员的资格；决定或否定某一个上市品种。②要求会员提供资料和报告，主管大臣认为对业务监督有必要时，有权要求商品交易所或会员提供与其业务或财产相关的参考报告和资料。③现场检察权，在必要时，主管大臣有权让工作人员进入营业厅、会员事务所或商品交易所检查文件、账本或其他与业务相关的资料和物品。④监督处罚权。日本并没有统一的期货监管机构，但为了方便主管大臣的咨询，日本政府设有"商品交易所审议会"，有权对商品交易所的重要事项进行审议、调查。审议会由一名会长和四名委员组成。会长和委员的任期为 3 年，一般从有学识和经验的社会人士中推举，国会同意后，由内阁总理大臣任命。

2）日本期货市场自律监管

除了政府的直接监管之外，日本也有期货行业组织的自律监管，不过区分了商品交易所和商品交易员。日本商品交易所自律组织机构是全国商品交易所联合会，其会员是 16 家商品交易所。该自律组织的主要工作是研究期货交易和期货市场的相关制度，并发行交易所年度报告，总结、指导和监督经纪人工作以及处理期货交易纠纷。期货经纪商自律性管理组织是社团法人商品交易员协会，该协会包括日本的期货经纪商，其主要作用是宣传和普及期货知识，培训期货从业人员及组织期货从业资格考试，并对会员的营业活动进行指导。由于日本一直强调政府直接监管为主，期货协会自我管理相对比较薄弱。

8.1.4　中国香港地区期货市场监管模式

1. 中国香港地区期货市场监管模式的主要特征

自 1986 年香港推出恒生指数期货以来，香港期货市场正式开启了"农转非"（农产品转金融）的历史进程。经历年全球股灾和金融风暴的冲击，香港认识到只有加强行业自律监管，成立法定、专职和独立的机构，才能防范和化解金融风险，证券业检讨委员会应运而生。1989 年 5 月 1 日，根据证券业检讨委员会提交的《戴维森报告书》，证券及期货事务监察委员会（简称"证监会和香港金管局"）正式取代证券交易事务监察委员会和商品交易事务监察委员会，主要职责是确保有关条例的条文以及其他条例中有关证券、期货合约及财产投资安排的部分得到遵守；保障投资者的利益；就所有关于证券、期货合约及财产投资安排的事宜向财政司提供意见；考虑并建议修改证券、期货及财产投资方面的法律；监管证券交易所、期货交易所及结算所的业务活动；促进香港证券及期货市场的发展；鼓励香港内外的投资者参与市场促进及推动证券及期货行业中的市场团体自律等。

扩展阅读 8.3　香港"八七"股灾与《戴维森报告书》

亚洲金融风暴后，香港特区政府发表《证券及期货市场改革的政策性文件》，提出证券及期货市场改革计划，核心内容之一即是整合所有涉及证券监管的法例，形成《证券及期货综合条例》草案，提交立法会审议。2002 年 3 月 13 日，立法会通过《证券及期货条例》，将过去陆续颁布的十几个相关条例整合在一起，形成统一的证券期货法典。《证券及期货条例》作为主体法例，其下还有附属法例、规则、操守准则、指引及原则声明，构成了一个多层次的监管规则体系，成为香港证监会执法活动的制度基础。

2. 中国香港地区期货市场监管模式的主要内容

1）香港证券及期货事务监察委员会的集中监管

香港期货市场立法主要是《商品交易条例》《商品交易所禁止条例》《证监会条例》《杠杆式外汇买卖条例》等。其中，《商品交易条例》是香港期货市场的基本立法，对期货市场监管机构的组成、职责、期货交易所的成立及管理、交易商的资格和管制以及期货交易的惯例规则等做了详尽的规定。

香港证监会作为法人团体，由行政首脑任命成员组成委员会，设有主席和执行、非执行董事，下设多个委员会监管市场运作。期货监管的职能包括：①批准交易所的设立以及会员、经纪商法人资格，批准确立各期货交易所制定的条例、规则，使之具有合法性基础；②就期货合约上市事宜，向财政司司长提供咨询意见；③合理怀疑期货违法违规事宜，向财政司司长报告；④负责香港期货交易所、期货结算公司、期权结算公司的业务监察；⑤建议有关期货法律法规的修改并提出具体方案，批准期货交易所、期货、期权结算公司有关章程和交易规则的修改；⑥推动期货行业的市场自律；⑦监督市场参与者的职业操守，采取技术手段分析市场交易状况，避免期货市场垄断、欺诈、价格暴涨暴跌等行为的发生，分析出现违法违规行为的先兆，指导交易者分清谣言，遏制期货交易过程中不正当、不合法及不名誉的行为；⑧设立监察委员会，通过赔偿基金委员会管理期货交易赔偿基金，负责弥补投资者因经纪商过失带来的损失；⑨采取一切合理步骤，保护期货交易者合法权益等。

香港证券期货市场监管的亮点是设立市场监管机构的上诉委员会。上诉委员会的职责是受理有关人士对监察委员会的不公行为或决定提出的上诉，并进行裁决。上诉委员会的设立及工作，适应了香港证监会不隶属政府架构范围并享有自主权的特殊性，对证监会起到监督和制约作用，防止了权力滥用。

2）交易所的自律监管

2001 年 2 月 20 日，香港证监会与香港交易及结算所公司就多层次监管事宜签订谅解备忘录：政府主要承担市场参与者准入及持续符合证券资格审核的监管职责；交易所对运营中存在的市场风险进行管理，继续保持对期货经营机构、市场投资者、市场交易行为在交易、清算和风险控制方面的监管。

期货交易所管理机构为董事会和管理委员会。董事会是交易所的权力机构，管理委员会是交易所的行政机构。期货交易所下设股票指数市场委员会，负责组织股票指数期货活动。香港期货交易所董事局由 2 位政府官员、1 位银行代表、4 位经纪行代表组成，行政总裁由政府委任。香港的交易所、结算所和保证公司等都依据香港特别行政区政府的立法制定了组织大纲、章程和业务规则，主要包括《香港期货交易所有限公司的组织大纲及章程》及业务规则、《国际商品结算所香港有限公司组织大纲及章程》及业务规则、《期货保证有限公司组织大纲及章程》及业务规则等。这些规则制度构成了香港期货市场自律监管的基础。

2000 年 6 月，原香港证券交易所、期货交易所及中央登记结算公司整合而成的香港交易及结算所有限公司正式上市。交易所的自律监管职责主要包括：①交易所在证监会批准的基础上，有权决定市场参与者的准入资格。②金融期货仍然在原期货交易所进行，隔离证券现货交易。③日常监管方面，由交易所董事会下设的纪律检查委员会负责处理。④对违法行为，交易所协助证监会查处，证监会作出最终处理决定，必要时交易所予以协助执行。⑤由于涉及商业机密，交易所高管负责市场交易的实时监控。⑥交易所内部运营部门与监管部门各司其职，内部监察与市场监察、交易部与法规执行部设有防火墙。⑦健全风险管理体系。风险准备金不得低于 10 亿港元，可以随时调动；采用芝加哥期权结算公司推出的风险管理系统，进行实时监控；长期聘请世界级风险管理专家在交易所任职，听取咨询建议；积极开展与较高风险管理能力的交易所和银行的合作等。

香港金融期货市场的起步虽晚，但一开始就借鉴成熟市场经验和成果，将期货市场的建立、发展和管理活动纳入法制轨道，香港自律监管的创新在于将行业自律监管与商业利益有机结合。譬如：有关保证公司和赔偿公司的制度安排方面，保证公司由伦敦国际商人结算所、香港汇丰银行、伦敦渣打银行、美国大通银行、英国巴莱克银行、法国里昂信贷银行和香港永安银行组成。赔偿公司则由汇丰银行、渣打银行、大通银行、里昂信贷银行和巴莱克银行组成，主要负责处理金融期货交易中一方因对手违约而遭受损失的索赔。

8.2　不同监管模式的评价与比较

8.2.1　美国期货市场监管模式的评析

美国期货市场三级市场管理体系被认为是较好地兼顾了效率与公平。美国信奉自由经济，很少对金融市场进行干预。经过 20 世纪 30 年代经济危机的冲击，美国全社会充分认识到：依靠市场自发力量形成稳定的市场规则费用高、耗时长，最有效的办法是由

扩展阅读 8.4　美国《现代化金融监管结构蓝图》及对中国的启示

社会公认的组织制定普遍遵守的交易规范。因此，政府开始主动、积极地介入金融市场。经过数十年的发展，建立了包括期货市场在内的统一、完备的金融市场监管体系。这种单一结构可以从更高的高度来监控整个金融市场。

但是，美国期货市场监管体系的弊病表现在：①CFTC 管制过多，干预过度，整个期货市场置于政府的宏观控制之下，一定程度上挤压了交易所的监管空间。②NFA 作为行业协会，从交易所成交的期货合约中收取手续费的做法可能影响独立性，对期货交易所刺激交易量的做法可能默许或纵容。③证券监管部门与期货监管部门利益冲突对行业的发展造成损害。尽管 1982 年国会明晰了 SEC 和 CFTC 的各自管辖权，但两部门经常争论不休，SCE 曾经申请国会撤销 CFTC 并试图取代其职能，未遂后多次否决股指期货上市申请，而 CFTC 前主席菲尔·约翰逊责怪 SEC 手伸得太长，埋怨两个市场分别监管简直就是历史性的误会，持久的权力争斗迄今没有解决[①]。

2008 年美国金融监管体系值得注意的新动向是：2007 年的美国次贷危机，暴露出美国金融监管体系四分五裂的状态，促使财政部部长保尔森于 2008 年 3 月 31 日抛出自 20 世纪 30 年代大萧条以来最大规模的金融监管体系改革计划——《现代化金融监管结构蓝图》，拟重新整合、建立三大新的监管机构。

计划拟分三步走：第一，奠定美联储负责金融稳定的核心地位，授予其检查经纪公司、对冲基金、商品交易所和可能给金融体系造成风险的机构商业行为及内部账目的权力。银行业方面，监管权力统一交由审慎金融管理局。第二，建立统一的保险监管机构，以改变 50 个州自行其是的状况。第三，削减证券交易委员会的监管权力，赋予交易所更大的权限进行自我监管，建议 SEC 与 CFTC 合并。

8.2.2　日本期货市场监管模式的评析

日本监管制度职能明确，监管内部的关系比较协调，容易制定出切实可行的法规制度和配套措施，避免了制定法规时只适合某类市场管理的现象，加强了政策和措施的针

---

① 陈晗，等. 股票指数期货：理论、经验与市场运作构想[M]. 上海：上海远东出版社，2001：197.

对性，更有利于法规颁布之后的实施。但是，这种监管模式的缺点是缺乏权威部门协调监管机构之间的关系。因此，对期货市场的监管在宏观上缺乏统一性，产生各部门各自为政的局面，每个品种的上市要受到不同部门管辖的限制。长远规划的缺乏，也影响了交易所的活力，降低了市场效率，阻碍了市场的创新发展。另外，日本期货市场管制比美国、中国香港更加严厉，日本期货业自律组织和交易所在期货市场管理中的地位和作用非常有限，自律机制发挥不充分，制约了市场规模的扩大。随着期货市场的发展和完善，日本政府的行政管理有所放松，行业自律管理和交易所自我管理职能也有所加强。

8.2.3　英国期货市场监管模式的评析

英国以自律为主的市场监管体系的形成，有其重要的历史渊源。英国是市场经济起源国家，亚当·斯密和大卫·李嘉图等古典经济学家极力倡导的自由竞争、自由放任的市场理念，使得自律自治、减少政府干预的管理思想深入人心，为自律制度的成长和完善提供了土壤。在这种环境下，英国金融市场监管沿袭了自我约束、自我管理和自我发展的以自律管理为主的管理体制。英国期货市场虽然起步较早，但发展上远落后美国。与其他国家通过强化立法加强监管相比，英国基本采取自律管理为主，尽量弱化国家干预色彩，行业协会和交易所的自我管理运行良好，政府监管不以直接干预为目的，不过是对期货市场进行适当扶持、调控和引导。只有市场极端不正常时，才启动政府干预手段。与美日等国相比，英国期货监管呈现高度自律性的特征。

1. 强调行业的自我监管为主

金融服务局的主要职能不是对期货市场实施直接的监管，而是帮助自律组织指定的专业机构健全自律管理体制，通过强化自律管理组织的自律机制实现监管期货市场的目的；同时，包容证券期货业协会的自律组织的规定与自己颁布的某些重要的规章不完全一致。这种监管体制的优点是市场监管更贴合市场本身，但由于缺乏全国性统一的期货法律规范，且没有国家强制力做后盾，显得有些软弱。因此《金融服务及市场法案》之后，英国也开始对市场采取严格的监管措施。

2. 同时监管证券市场和期货市场

金融服务局同时对期货市场和证券市场实施统一的监管。美国将期货市场和证券市场的监管分开进行，由不同的管理机构进行监管，而英国则无论是政府监管还是行业监管，都将证券市场和期货市场的监管合二为一。这种监管体制有利于证券和期货两个市场的统一管理，避免了美国那种证券主管机构和期货主管机构在管辖权上无休止的争斗，特别是对与证券相关的金融期货市场的管理，效果较好。但由于证券与期货两种投资方式差异较大，将两个市场统一监管，有时监管效果并不十分理想。

3. 自律监管模式的典型代表

行业协会有很大自主权，由于缺乏政府强制力保障，监管效力受到影响。自律组织往往将监管的重点放在市场的有效运作和保护会员利益上，对投资者的保护不够充分。

作为监管者，自律组织并不是处于超脱的地位，各种利益关系使得自律监管的公正性受到了怀疑。期货市场存在对新法律、新体制的抵触厌烦情绪，这些因素客观上影响了监管的效力。

8.2.4 中国香港地区期货市场监管模式的评析

香港特别行政区政府介入期货市场监管为市场初期的发展和繁荣奠定了良好的市场基础。针对香港投机资本充裕的特点，香港大力发展金融期货，"走金融化"之路，把香港期货市场提升为具有国际水平的衍生品市场，享受了"后发性利益"。香港信奉"金融自由化"，一直强调"自我监管"，只有出现非正常情况时，才对市场加以调控。就股指期货市场而言，香港市场40%以上为个人投资者，远高于其他成熟市场，而且套利交易比例偏低，这决定了香港特别行政区政府监管必然从宏观和微观双管齐下，集中于防止垄断及虚假交易，建立公平、有序的竞争机制，显示出香港监管机构成熟的监管艺术。当然，香港期货市场弱化政府管理职能的教训也值得警惕，譬如香港1987年的"股灾"充分暴露出批准会员、经纪人资格的审慎不足问题，其过于"怀柔"的监管尺度难以承受金融风险的考验。

8.2.5 国内外期货市场监管模式的比较分析

（1）从监管模式而言，大多倾向于采用政府监管与自律监管相结合的监管模式。分层次的监管模式有利于对期货市场进行综合监管，政府监管与自律监管在监管功能上进行分工，互相制衡，分散风险，各有侧重。

（2）从监管的手段来看，大多都把期货交易所和行业协会的自律监管作为期货市场监管的基础和核心力量，尊重市场规律，保证监管的市场化和灵活性。同时，各个国家和地区均强调政府要从宏观上对市场进行法制化管理，自律监管要在政府监管的框架下进行，以保证期货市场发展的有序性、稳定性和持续性。

（3）从期货业自律监管组织与政府监管机构之间的关系上看，独立于政府监管机构占据主流地位。期货行业组织独立于政府监管机构使之拥有较大的独立性，因而在执行监管的过程中可以较少受到政府的干预，从而可以有效发挥行业自律性组织的监管作用。

（4）从期货业自律监管组织的设置上看，期货业和证券业拥有同一自律组织占主流地位。英国的期货业和证券业拥有同一个自律性组织，美国专门成立了期货行业自律性组织，日本则比较特别，建立交易所自律组织和期货经纪商自律组织，分别对交易所和经纪商进行自律管理。英国的期货业和证券业拥有同一个自律性组织是与其金融业实行统一监管相适应的。美国成立专门的期货行业自律性组织具有很大的优点，主要就是针对性强，非常适合金融业分业监管模式。而日本模式的缺点是割裂了对期货交易所和期货经纪商的统一自律管理，削弱了自律管理的效果。当然，它的优点也表现在自律监管的针对性比较强。

（5）从期货市场监管发展趋势来看,各个国家和地区期货市场的监管体系趋于一致,政府主导下的法定自律模式得到不断发展,包括传统自律主导型的监管模式也正在向其转变。如美国继续强化自律组织的法律地位,大多数新兴市场国家和地区采用了法定自律模式,英国、我国香港地区这样的传统的以自律为主的市场,也出现向政府主导下法定自律转变的趋势。

（6）期货行业协会的发展呈现国际化。如美国的期货行业协会开始邀请外国机构加入,目前逐渐发展成为一个国际性的组织。

8.2.6　对中国内地期货市场监管体系的启示

1. 增强中国期货业协会的独立性

保持行业自律组织较大的独立性,这在世界主要国家和地区的期货市场中是通行的做法。目前,中国证监会对中国期货业协会进行指导和监督是合理有效的,但就长期来看,中国期货业协会应该具有独立的地位,不应该受到来自行政部门的过多干涉。中国内地应增强中国期货业协会的独立性,发挥其专业性和灵活性的特点,克服行政监管的被动性、滞后性和不可逆性等缺陷,赋予其制定运行规范与规划、监管市场、执行市场规则等部分权力,使期货市场的自律机构充分发挥自我监管、自我发展、自我约束的功能。

2. 坚持设置专门的、统一的期货行业自律组织

尽管有较多国家和地区的期货行业自律组织和证券行业自律组织为同一组织,并运作良好,但在中国内地目前仍然是金融分业经营的情况下,将期货行业自律组织和证券行业自律组织分设是合理的。这样做,可以使中国期货业协会专业化,使其出台的相关规章制度更有针对性,充分发挥其专门监管的优势。

3. 增强期货交易所的独立性

目前中国内地期货交易所的独立性仍然不强,表现在其章程修改、人事任免和品种上市都取决于政府部门,不利于期货交易所自律功能的实现。应逐渐改革现有期货交易所的体制,推进期货交易所公司化进程,强化内部管理制度,逐步将期货交易所的自律职能细化并落到实处。在品种上市方面,应该允许期货交易所有更大的自主权,在不违反国家宏观经济政策的前提下推出新的交易品种,这样才能有效地面对来自国际市场和场外交易的威胁。交易所应加强对违规行为的调查,更多采取自律管理措施防止交易出现价格操纵,维护交易市场公平,保护投资者利益。

4. 强化中国期货业协会与期货交易所之间的协调关系

可以通过建立联席会议制度以加强监管信息的沟通和交流,建立协作机制,合作开展会员培训,共同开展期货市场的调研工作,在期货公司内部风险控制、培育更多的市场中介机构等方面进行合作,共同推进期货行业自律建设。

8.3　期货市场监管的发展趋势

通过对美国、英国、日本、中国香港等国家和地区在期货市场监管中的分析可以发现：对期货市场的监管都是随着期货市场的发展不断完善和进步的，没有放之四海而皆准的监管模式，只有最适合本国国情或本地区特色的监管模式。大致而言，期货市场的监管体现出了以下发展趋势。

1. 三级监管体制成为趋势

美国的监管模式是在完备的法律制度下，政府部门的监管、行业协会的自律、交易所的监管共同起作用，在长期的发展过程中逐渐形成的比较成熟的监管模式，增强了美国期货市场的竞争力。因这种模式的有效性和高效率监管，这种成功的期货市场监管模式也呈现出一定的同质性：各个国家和地区普遍倾向利用三级监管模式。政府作为监管权威，是监管的领导核心，注重运用法律、经济手段进行宏观控制，而行业协会和交易所作为市场自律主体是监管的中坚力量，注重运用即时、灵活手段进行微观控制。这种监管模式对我国的借鉴是：不仅避免期货品种上市初期经验不足的弊端，而且可以提高期货市场的发展速度，快速地探索适合中国内地本身的监管模式。

2. 政府干预力量依法增强

随着世界资本市场的深刻变革，许多国家和地区特别是英国都由刚开始的放任态度和依靠自律管理转轨到政府依法干预上来，以实现降低风险、掌控市场和增强管理的有效性、弥补自律管理的不足的目的。特别是近年来随着金融期货市场的飞速发展，政府干预市场已经成为各国的共识。中国内地在期货市场发展初期可以以政府监管为主，行业自律和交易所管理为辅，一方面不断加强政府监管的能力，提升执法水平，强化对期货市场的各个角度的监管；另一方面尽快完善、加强期货行业协会和交易所的相关职能，为期货交易创造良好的环境。而以自律为主的监管模式虽然可以在最大限度上满足创新的需要，能够适应市场的风云变幻，具有灵活性，保证了按照市场规律运行，但是难以有效保障投资者的利益，难以保证监管的公正。到期货发展相对成熟阶段，再遵循自律管理为主、政府适当协调的原则，这样可以充分尊重市场规律，防止过度行政干预。

3. 立法先行是前提与基础

完善的法律制度是期货市场发展和对其进行监管的前提与基础，美国从商品期货交易早期就开始摸索制定法律，形成了比较完善的商品交易的法律体系。对于股指期货的法律是分散在各个期货交易的法律中的。美国的法律对于期货的交易规则、结算程序、交易所和结算所的设立、违法行为的处理等问题都规定得十分详细，可操作性很强。而中国香港更是借鉴国际上先进的立法经验，超前进行立法，在金融期货推出前先行立法，而且对于交易细节、职能、监管等内容的规定更是细致入微，建立了一套完整的法律体系，将期货市场的管理活动纳入法治的轨道，为期货市场的监管铺垫道路。中国内地当前加快期货立法，势必也要进一步建立和完善完备的监管法律体系，才能有效地对期货市场进行监管。

4. 风险防范不可或缺

各个国家和地区在期货市场发展的道路上都面临过或大或小的挫折，经过摸索逐渐建立了风险防范机制来增强应变能力、化解灾害、减少损失。历史总是会重演，建立健全中国内地的期货市场风险防范制度成为推进期货市场发展的必然选择。我们需要大力借鉴国际先进的风险防范手段，探讨适合中国内地自身发展需求的风险规避和化解机制，最大限度地降低风险发生的可能性，运用先进的风险控制系统，对风险进行定量和定性分析，主动出击来控制风险。

5. 国际合作愈加紧密

随着经济金融一体化进程的加速，期货市场监管的国际合作尤为突出。一个地区的市场异动可能导致其他地区的快速反应，牵一发而动全身，因此无论是从期货市场全球发展的趋势还是从历史上的风险事件的教训来看，期货市场发展需要不同国家和地区监管机构之间的紧密合作，如果各个国家和地区的监管机构之间存在经常的联系和信息交换渠道，就可以加强监管协作，降低风险事件和损失发生的概率。

本 章 习 题

1. 简述美国期货市场监管模式的主要特征。
2. 美国期货行业的自律监管机构是哪家？其主要工作职责是什么？
3. 简述英国期货市场的自律监管。
4. 简述美国期货市场监管体系的弊端。
5. 试论述期货市场监管的发展趋势。

大商所铁矿石期货国际化的现状与问题

自学自测 扫描此码

参 考 文 献

[1] 陈巍. 金融期货与现货跨市场监管法律问题研究[D]. 北京：中国政法大学，2011.

[2] 刘小湘. 金融衍生品监管法律制度研究[D]. 重庆：西南政法大学，2010.

[3] 叶文娟. 论我国期货市场的法律监管[D]. 北京：首都经济贸易大学，2009.

[4] 佟德庆. 期货市场风险及其监管研究[D]. 西安：西北大学，2005.

[5] 彭丽萍. 我国期货市场法律监管问题及对策研究[D]. 武汉：华中师范大学，2014.

[6] 王晶晶. 中国金融衍生品监管制度研究[D]. 北京：中国政法大学，2011.

[7] 曹胜. 中国期货公司监管制度研究[D]. 北京：中国社会科学研究院，2003.

[8] 陈瑾. 中国期货市场政府监管与自律监管研究[D]. 上海：上海交通大学，2010.

[9] 加特. 监管、放松与重新监管[M]. 北京：经济科学出版社，1999.

[10] 易臣格瑞. 迈向新的国际金融体系——亚洲金融危机后的思考[M]. 北京：北京出版社，2000.

[11] 巴曙松，等. 2010年全球金融衍生品市场发展报告[M]. 北京：北京大学出版社，2010.

[12] 白钦先. 20世纪金融监管理论与实践的回顾和展望[J]. 金融与保险，2000(8): 8-15.

[13] 刘毅. 金融监管问题研究[M]. 北京：经济科学出版社，2006.

[14] 谢伏瞻. 金融监管与金融改革[M]. 北京：中国发展出版社，2002.

[15] 谢平，蔡浩仪，等. 金融经营模式及监管体制研究[M]. 北京：中国金融出版社，2003.

[16] 谢平，许国平. 路径选择——金融监管体制改革与央行职能[M]. 北京：中国金融出版社，2004.

[17] 张玉智. 中国金融衍生品市场监管体系重构[M]. 北京：中国金融出版社，2009.

[18] 周英. 金融监管论[M]. 北京：中国金融出版社，2002.

[19] 李亚光. 论中国期货市场的风险控制[M]. 北京：中国财政经济出版社，2001.

[20] 陈建华. 金融监管有效性研究[M]. 北京：中国金融出版社，2002.

[21] 孙秋鹏. 期货交易所监管市场操纵激励与政府介入方式选择[J]. 金融理论与实践，2007(10): 29-34.

[22] 王之言. 正确认识当前我国期货市场的风险[J]. 改革与理论，2003(5): 42-44.

[23] 常远. 中国期货市场的发展历程与背景分析[J]. 中国经济史研究，2007(4): 157-164.

[24] 廖英敏. 中国期货市场[M]. 石家庄：河北人民出版社，1999.

[25] 韦伯. 经济与社会[M]. 林荣远，译. 北京：商务印书馆，1997.

[26] 孙才仁. 期货市场的发展与监管[M]. 北京：中国经济出版社，2008.

[27] 唐波. 改革开放三十年来的期货市场及其法制建设历程[J]. 华东政法大学学报，2009(3): 61-70.

[28] 张玉智，刘洋. 我国期货市场监管体系优化研究[J]. 长春工业大学学报，2010(8): 44-46.

[29] 常清. 再论期货市场的风险控制[J]. 财贸经济，2002(8): 23-24.

[30] 赵炳晴. 论期货交易保证金法律制度的完善[D]. 北京：中国政法大学，2020.

[31] 冯科. 金融监管学[M]. 北京：北京大学出版社，2015.

[32] 丁邦开，周仲飞. 金融监管学原理[M]. 北京：北京大学出版社，2004.

[33] 韩汉君，等. 金融监管[M]. 上海：上海财经大学出版社，2003.

[34] 卫新江，等. 金融监管学[M]. 北京：中国金融出版社，2004.

[35] 平狄克，鲁宾费尔德. 微观经济学[M]. 张军，译. 4版. 北京：中国人民大学出版社，2000.

[36] 吴晓灵，等. 高频交易对市场的影响[J]. 清华金融评论，2016(2): 16-24.

[37] 姜洋. 国际期货监管经验与借鉴：境外期货监管研讨会演讲集[C]. 北京：中国财政经济出版社，

2011.

[38] 姜洋. 发现价格：期货和金融衍生品[M]. 北京：中信出版社，2018.

[39] 王全兴. 经济法基础理论专题研究[M]. 北京：中国检察出版社，2002.

[40] 李曙光. 转型法律学：市场经济的法律解释[M]. 北京：中国政法大学出版社，2004.

[41] 万国华. 经济法学[M]. 北京：清华大学出版社，2012.

[42] 万国华，李铭. 我国二元期权交易的法律规制路径研究[J]. 金融监管研究，2017(1): 34-50.

[43] 马卡姆. 商品期货交易及其监管历史[M]. 大连商品交易所，译. 北京：中国财政经济出版社，2009.

[44] 诺内特，赛尔兹尼克. 转变中法律与社会：迈向回应型法[M]. 张志铭，译. 北京：中国政法大学出版社，2002.

[45] 中国证券监督管理委员会. 美国商品交易法[Z]. 北京：法律出版社，2013.

[46] Chicago Board of Trade. Commodity trading manual[M]. Chicago and London: AMACOM, 1997.

[47] 温观音. 论法律对期货市场投机的态度及其规制[J]. 湖北大学学报(哲学社会科学版)，2009，36(4): 58-63.

[48] 林奇. 美国的次优选择：对纯投机衍生品的适度监管[J]. 李铭，余治志，译. 证券法苑，2018，24(1): 342.

[49] 卢肯. 美国期货监管历史与金融监管改革对中国的启示[C]//姜洋. 国际期货监管经验与借鉴：境外期货监管研讨会演讲集. 北京：中国财政经济出版社，2011: 12-13.

[50] 中国期货业协会. 期海护航——期货投资者合法权益保护[M]. 北京：中国金融出版社，2015.

[51] 刘志英. 近代上海华商证券市场研究[M]. 上海：学林出版社，2004.

[52] 周伍阳. 中国证券市场结构与股指期货操纵路径识别研究[J]. 征信，2014(4): 80-83.

[53] 刘英华. 期货投资经典案例[M]. 上海：上海远东出版社，2010.

[54] 中国人民银行金融研究所. 近代中国金融市场[M]. 北京：中国金融出版社，1989.

[55] 王小丽. 股票和股指期货跨市场监管法律制度研究[D]. 合肥：安徽大学，2012.

[56] 石启龙. 股票期现跨市场操纵监管法律制度研究[D]. 沈阳：辽宁大学，2016.

[57] 胡燕. 股票市场与股指期货市场跨市场操纵行为法律规制[D]. 绵阳：西南科技大学，2019.

[58] 江玉祥. 股票与股指期货跨市场监管法律制度研究[D]. 合肥：安徽大学，2017.

[59] 刘辉. 股指期货与股票现货跨市场交易宏观审慎监管论——以国务院金融稳定发展委员会的设立为背景[J]，江西财经大学学报，2020(1): 120-133.

[60] 王猛. 国际化背景下期货交易场所自律监管问题研究[J]. 中国证券期货，2018(1): 68-71.

[61] 冯文静. 论跨市场操纵行为的法律规制[D]. 北京：北方工业大学，2020.

[62] 张美玲. 论商品期货跨市场监管协调法律制度的完善[J]. 常州大学学报(社会科学版)，2017，18(5): 45-53.

[63] 杜涛. 中美最新案例比较与启示[J]. 中国应用法学，2020(5): 73-93.

[64] 耿刚德. 期货市场操纵行为的类型及认定标准研究[J]. 海峡科技与产业，2019(11): 17-19.

[65] 谢杰. 期货市场内幕交易的法律规制[J]. 财经法学，2019(5): 16-28.

[66] 张筱峰，高凡. 我国股指期货市场与股票市场跨市场监管研究[J]. 湖南社会科学，2017(5): 114-119.

[67] 刘宏光. 我国期货市场行政处罚案例透视: 1999—2018[J]. 金融法苑，2019(2): 79-97.

[68] 罗剑. 原油期货跨境监管的重点、难点与路径研究[J]. 新金融，2014(1): 31-35.

[69] 李铭. 原油期货市场跨境监管合作[J]. 中国金融，2018(6): 60-61.

[70] 刘凤元，邱铌. 证券市场跨境监管研究——以 EMMoU 为视角[J]. 金融监管研究，2019(12):

100-111.

[71]　廖凡. 中美证券跨境监管合作觅路[J]. 中国外汇，2020(11): 64-66.

[72]　石启龙. 跨市场操纵：生成、模式与法律监管[M]. 沈阳：东北大学出版社，2017.

[73]　黄长征. 投机经济学[M]. 北京：中国社会科学出版社，2003.

[74]　PEARCE D W. Macmillan dictionary of modern economics[M]. London: Palgrave, 1992.

[75]　中国证监会投资者保护局.投资者保护专项制度汇编 [EB/OL]. (2019-06-25). http://www.csrc.
　　　gov.cn/pub/newsite/tzzbh1/tbjtbzt/hgttzzbh/201906/W020190625593596344652.pdf.

[76]　中国期货市场监控中心. 期货投资者保障基金概况[EB/OL].(2011-09-05). http://www.cfmmc.
　　　com/main/views/a/20110905/11017.html.

[77]　张荔，等. 发达国家金融监管比较研究[M]. 北京：中国金融出版社，2003.

[78]　郑振龙，张雯. 各国衍生品金融市场监管比较研究[M]. 北京：中国金融出版社，2003.

[79]　朱孟楠. 金融监管的国际协调与合作[M]. 北京：中国金融出版社，2003.

[80]　刘仁武，吴竞择. 国际金融监管前沿问题[M]. 北京：中国金融出版社，2002.

[81]　潇豆. 美国期货：三层监管造就成熟市场[J]. 走向世界，2007(5): 44-45.

[82]　张慧莲. 论西方金融监管理论的最新发展[J]. 成人高教学刊，2004(6): 18-21.

[83]　沈开艳. 美国期货市场的历史、特征及对中国的启示[J]. 上海经济研究，1999(1): 62-66.

[84]　袁开洪. 美国期货市场监管体系刍议[J]. 价格月刊，2008(7): 84-86.

[85]　叶全良. 期货论：中美期货市场比较研究[M]. 武汉：湖北人民出版社. 2003.

[86]　易宪容. 美国金融业监管制度的演进[J]. 世界经济，2002(7): 33-40, 80.

[87]　张维，张建刚. 中美期货市场自律管理体系比较研究[J]. 哈尔滨工业大学学报，2005(5): 76-80.

[88]　张建刚. 期货市场自律监管体系比较与借鉴[J]. 武汉理工大学学报，2005(5): 694-698.

[89]　陈欣. 衍生金融交易国际监管制度研究[M]. 北京：北京大学出版社，2006.

[90]　宋雪飞. 世界主要期货市场监管模式的比较及其对我国的启示[J]. 甘肃社会科学，2001(6):
　　　51-52.

[91]　刘晓农，王晓娣. 发达国家期货法律制度及对中国期货立法的启示[J]. 江西社会科学，2010(1):
　　　158-161.

[92]　白钦先. 各国衍生金融市场监管比较研究[M]. 北京：中国金融出版社，2003.

[93]　白钦先. 金融监管的国际协调与合作[M]. 北京：中国金融出版社，2003.

教师服务

感谢您选用清华大学出版社的教材！为了更好地服务教学，我们为授课教师提供本书的教学辅助资源，以及本学科重点教材信息。请您扫码获取。

≫ 教辅获取

本书教辅（课件、大纲、答案、试卷、思政表），
授课教师扫码获取

≫ 样书赠送

财政与金融类重点教材，教师扫码获取样书

 清华大学出版社

E-mail: tupfuwu@163.com
电话：010-83470332 / 83470142
地址：北京市海淀区双清路学研大厦 B 座 509

网址：http://www.tup.com.cn/
传真：8610-83470107
邮编：100084